あみねこのいる生活

ねこやま

はじめに

「あみねこ」とは、あみぐるみの猫のことです。
あみねこが生まれたきっかけは
「寝ている猫みたいなもの」を作ろうとしたことです。
寝ているから、手足は地面にたらんとついている。
顔も寝ているみたいな顔。
おしりも浮かないように重くして…
それから、正座もできるように手足は長めに。

あみねこは作る人によってでき上がりが微妙に違います。
同じ人が作っても、その時々の気持ちでまた違ってきます。
顔を作るときには、自分の気持ちがほっとできる表情にしてあげてください。
毛糸は手ざわりがよく心地よい色のものを選ぶと、
仕上がりだけではなく編んでいるときもずっといい気持ちでいられます。
そして、できあがったら名前をつけて、かわいがってあげてください。

あみねこはいろんなポーズができるので、
遊ぶだけではなく、写真を撮るのもとても楽しい時間です。

この本には、あみねこたちがいる楽しい毎日がいっぱい詰まっています。
すべてのページ、すみからすみまで存分に楽しんでいただけたら、
あみねこを生み出した作者としてとてもうれしいです。

あみねこの扱い方について

あみねこは
生きているかもしれないので、
運ぶときはそっと持ちます

くたっとしているのに、
ひとりで座ることができます

きちんと正座すること
だってできるんです

「あみねこのいる生活」　もくじ

ううう

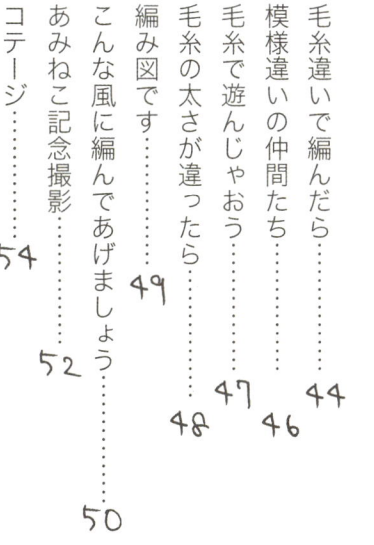

あみねこがやってきた

パソコン

グレーったら、私のパソコン見ないでよ

勝手に日記読まないでったら

どきなさいってば！

はさんじゃうよ～ん
グレー：「あわわわわ」

お茶

ま、お茶でもどうぞ

アオ：「…」

え、あつくて飲めないって？

でも本当はお茶じゃなくて
ジュースがいいの？

めがね

ピンク：「これかける～」

ピンク：「これかける～～～」

ピンク：「わ～い」

ピンク：「おでこにものっけて！」

ホウキ

ピンク：「ねえねえ、あれやって～」

チャ：「やって～」

みんな：「やってよ～」
えーっ、しょうがないなぁもう…

はいっ、ホウキで転がし～
みんな：「わーいわーい♪」

遊ぼっ！

マウス

シロ：「ねえねえ、遊んでよ～」

シロ：「仕事なんかやめてさぁ」

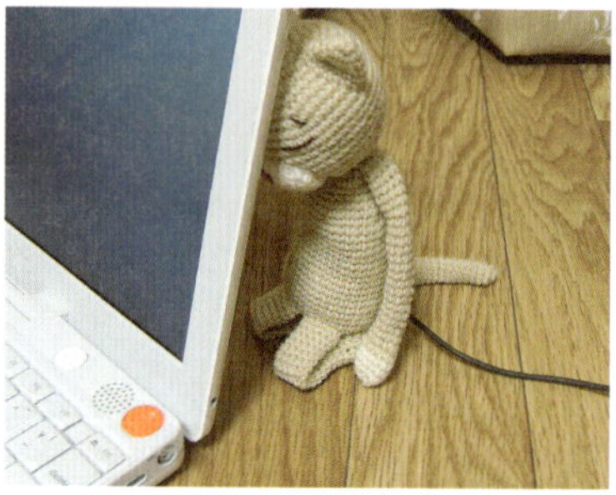

おこられた

シロ：「えいっ」
あ～っそれ押しちゃだめ～～～っ！！

ふとんたたき

オレンジ：「これで遊びたい」

だめ

オレンジ：「だめでも遊んじゃう！」

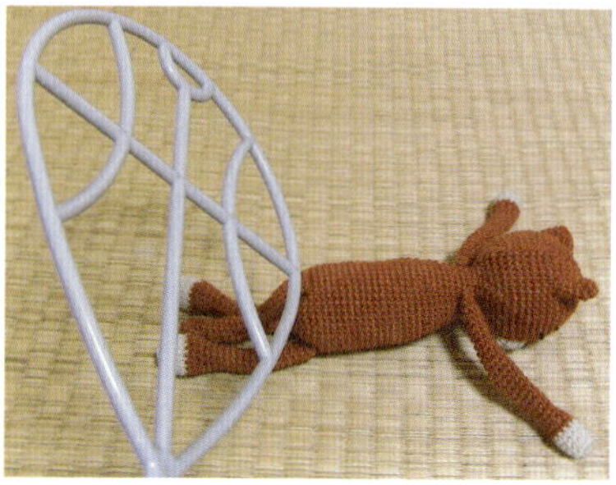

だめだったら

神経衰弱

みんな：「いいよ～、めくって～」

ピンク：「はずれ～」

ぶどう：「はずれ～」

オレンジ：「はずれ～」
うーん、どれとどれがペアなのか
わかんないよぉぉ

わごむ

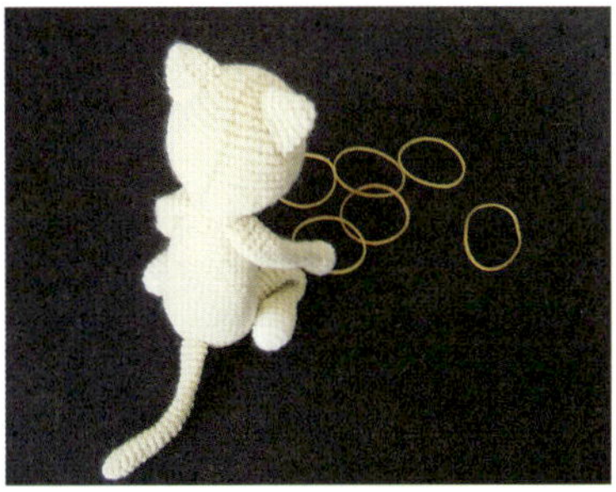

シロ：「じゃーいくよー」

シロ：「ほいっ、ほいっ」

シロ：「ほいっ、ほいほいっ」

シロ、なかなかの腕前です

でんわ

グレー：「…」

グレー：「…」

グレー：「なんにもきこえないなぁ」

おーい、もしもしー
グレー：「あれっ、こっちが聞こえる方かぁ」

行ってみたい

今度は何をしているの？

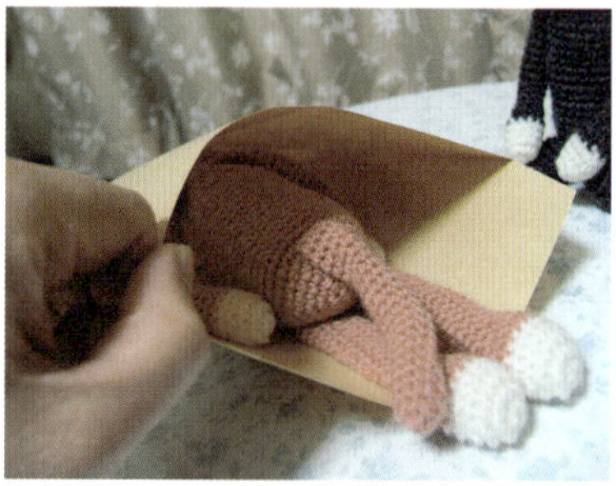

封筒に入っちゃって、どこ行くつもり？

ふ、フランス…？

窓辺

クロチューが窓辺にひとり

どうしたんだろう？

あ、マンガ読んでるよ

はんぶんこ

ひとりででっかいアンパンを食べようと
思ったら、ミドリにみつかってしまった…

はいはい、はんぶんこ、ね。

ほら、ハナにつぶつぶついてるよ。

なんでもおもちゃ

不思議な毛糸

ココミ：「毛糸玉だ」

ココミ：「ちょっと入ってみようかな」

ココミ：「よいしょ」

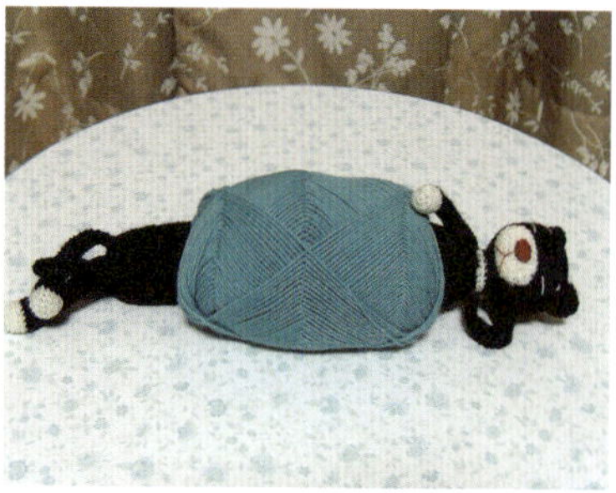

クビワ：「あっ、体が伸びちゃった！！」

箱

ねこは箱が好き

狭くっても好き

こんな箱にも

いや、その箱はちょっと無理だよ

くつ

グレー：「靴に入ってみたいのに」

グレー：「みんなが必死にとめるんだ」

グレー：「いったいナゼ？」

ちょっとさわっただけなのに

グレー：「あっっ」

グレー：「し、しまった」

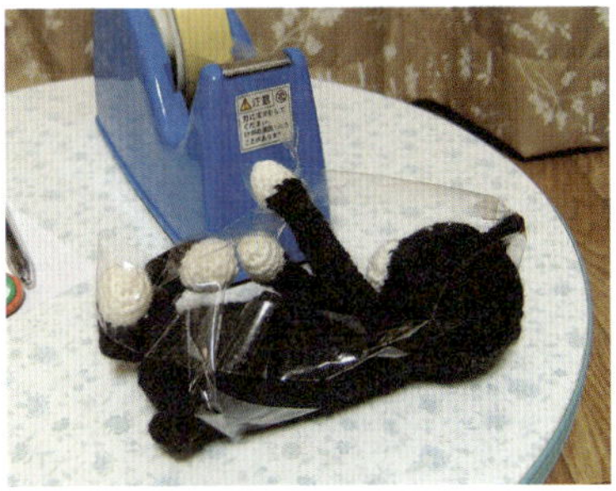

グレー：「ぎゃーおー、
ますますからまった！」

ピンク：「たいへんだ、大丈夫？」

グレー：「はー、死ぬかと思った」

くいしんぼう

ふところ

ミドリ：「うーん」

ミドリ：「厳しいなぁ」

ミドリ：「これじゃ今月はもう
アンパン食べれないや」

ミドリ：「仕方ない、夢の中で食べよう」

ミドリがいない

あれ、ミドリは？
みんな：「知らないよ〜」

ミドリ知らない？
みんな：「さぁ、見なかったなぁ」

ここにもいないなぁ、どこ行ったんだろう

キャーこんなとこに！
ミドリ：「おやつ、まだ？」

紅茶

ミドリ：「紅茶のいいにおいがする…でもこのままここにいると…」

ミドリ：「きっとこんなふうに…」

ミドリ：「ああ、こわかった」

おでん

みんなでお絵描きをした

ミドリの絵はいつも食べ物

みんなが寝てもまだ見てる

ケーキ

あの箱、冷蔵庫に入れておいた
はずなのに…

あの耳！

ああ～、食べるの楽しみに
してたのにぃぃ

みそ汁

アオ：「ドキドキ、今日は
入ってるのかな…」

じゃ～ん！

アオ：「わ～い、みそ汁の
サカナ大好き～」

あさり

ピンクの好物、

あさりの…

…殻。
こんなものが好きなんだなぁ。

なかみ

シュークリームを食べようと思ったら

中身が消えていた

ヤツら、あやしい…

やっぱり！

あみねこの習性 その1
正座します

コツがいります

ひざのあたりから
きちんと曲げてあげて

おしりをちょこんと
のっけてあげます

後ろから見たら

つっつきたくなる
後ろあたま

真正面から見たら

ハイ、ちょっとまってね

上から見たら

おなかすきまする

横から見たら

どこ見てるんだか

正座はできますが、
長時間になると
ちょっと……。

正座して10分……。

つ、つらい

足くずしちゃお

ヤレヤレ

アヒル座り

これなら
大丈夫?

もっといろんな座り方ができます

えらそーに座る

恐縮して座る

くつろいで座る

うで組みして座る

正しいうで組みの仕方

うで組みをするときは、手はひじの内側あたりにおさめます

結わえちゃいけませんよ

おやじ座りスタイル

いけない座り方

葛藤

まいど（心の声）：どうしよう、イワシ
もイカ刺しも苦手だよ〜

まいど（心の声）：でも、食べないわけ
にはいかないし…

まいど（心の声）：だけどこんなに
いっぱい食べられないよ〜

まいど（心の声）：ちょっぴり食べれば
許してもらえるかなぁ…

まいど（心の声）：それとも、誰も見て
いないスキにこっそりポケットに入れて
…　でももし見つかったら…（激汗）

長い時間が経過、足もしびれました

おかみさん：「…あら、イワシと
イカ刺し苦手だったの？」
まいど：「はいっ、ごめんなさい（涙）」

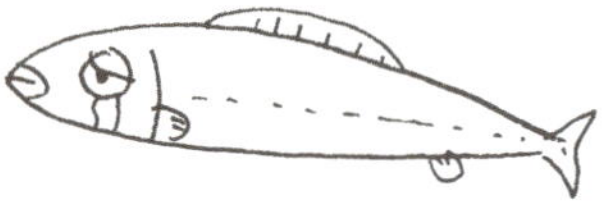

みかん

オレンジ：「みかんがひとつしか
ないから、」

オレンジ：「早い物勝ち！」

みんな：「たくさん入ってるじゃないか～」
オレンジ：「え、えへへ…」

テ：「オレの分まで入ってた♪」

よく似てる

テ：「なんだか、他人とは思えない…」

ほんとだ、そっくりだね。

ますますそっくり。
テ：「えへへ、もっともっと～」

じゃぁこれは？
テ：「こ、こんなのできない～！」

昼寝

午前11時。
昼寝をしようと思ったら先客がいた。

午後2時。
まだ寝てる。猫はのん気でいいなぁ。

午後7時、まだ寝てる。

まいど：「晩ご飯だよ、起きろ」
ハジー：「えーっ、もう夜っ？
オレもう起きれないー…
来週までほっといてくれぇ」

休日

アオ：「休みっていいな、今日はどこに
行こうかな」

アオ：「きもちいい…」

アオ：「むにゃむにゃ、えへへ…」

コテ：「一日中よく寝るなぁ」

先客

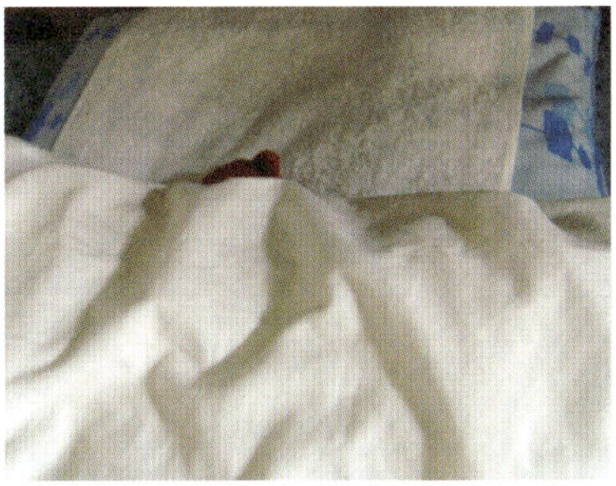

誰？

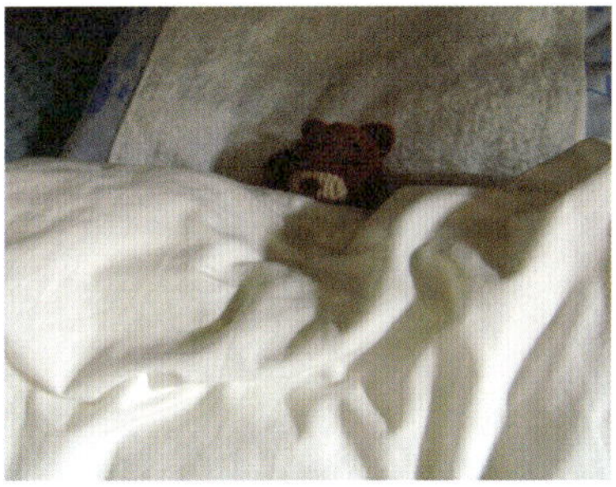

よしよし、一緒に寝ようね

キャーこんなにいたの？

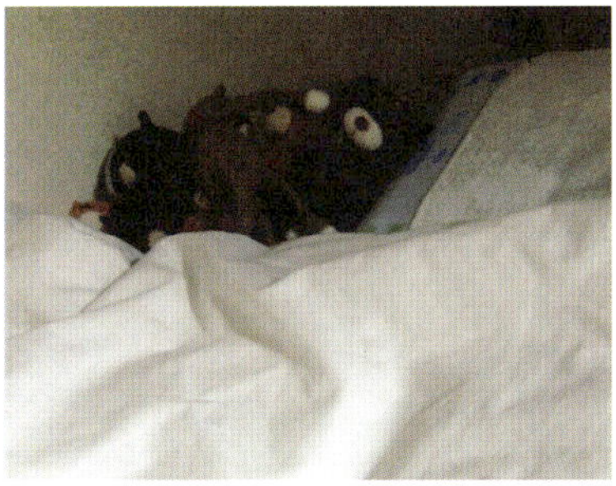

多すぎて邪魔だよ…

うたたね

遊んでいてうたた寝したまま夜中になりました

もうすぐ朝だよ

ジリリリリリリリ！！
2匹：「ぎゃーっっ」

2匹、まだ気絶してます

あみねこの習性 その2
寝るのは大好きです

無造作に寝る

ゴロゴロする

寒いので 丸まって寝る

青空を見上げて寝る

泣きながら寝る

仲よしの
友だちにしがみついて寝る

仲よく
寝ているの
かと思ったら～

でも寝相が悪いので

こんなになったり

いたずらしている

こんなに
なったりする

シンクロねこ！

ねむれない

ミドリ：「心細くてねむれない…」

ミドリ：「あいつはどこへ行っちゃったんだろう…」

ミドリ：「なんでこんなところにいたの？」

ぐっすり

ふとんへの寝かせ方

あみねこを枕に寝かせるときは

枕をちょっとへこませてあげると

よりそれらしい様子になります。

もちろん、大きい枕に寝かせるときもです。

こらこら、もうお昼だよ。

さかなマクラ

まず、紙の上に寝かせます

ほどよい大きさの魚を描いて

それをもとに型紙を作り、
枕に仕立てます

あ、このまえお絵描きしてたの
枕だったんだ〜

こんなのも

ふとんとさかなマクラの作り方は64・65ページ

日焼け

そんなところで寝ていると日焼けするよ

ブドウ：「こうすると白くなるのかな？」

シロ：「オレ、黒猫になれるかな」

クロ：「うーむ、ネコのヒタイは
せまいですな」

ミドリ：「おなかに手のアト
つけちゃおう」

グレー：「なんだかわかんないけど、
混ざっちゃお」

チャ：「足にも手のアトつけちゃおう」

ごちゃごちゃ。

整列！

組み体操その1

はいっ、次！

ピラミッド！

よし、休め！

組み体操 その2

組み体操、用意！

はいっ！

「みぎゃーっっ、頭にのっかるなんて
失礼だぎゃー」

スイカをたべるときの服

スイカの皮のつもり

スイカの実のつもり

「タネのつもりじゃないの？」

服

あみねこは普段はハダカなのに

ワンピースを着るときだけズロースをはいたり、

泳ごうとする時だけ海水パンツをはいたりします。アオ：「水入れて〜、水！」

アオ：「…やっぱり、コワイかも…」
こらこら、そこプールじゃないよ〜

服の作り方は66ページ

みのむしぶくろ

アオ：「縫ってもらっちゃった〜」
チビたち：「おもしろいね〜、これ！」

ブドウ：「あたらしい昼寝の仕方かな？」
シロ：「オレなんだか落ち着かないなぁ…」

ポケット大好き

おや、

こんなところにポケットが。
コテ：「あ、ヘソクリ入ってるぞ」

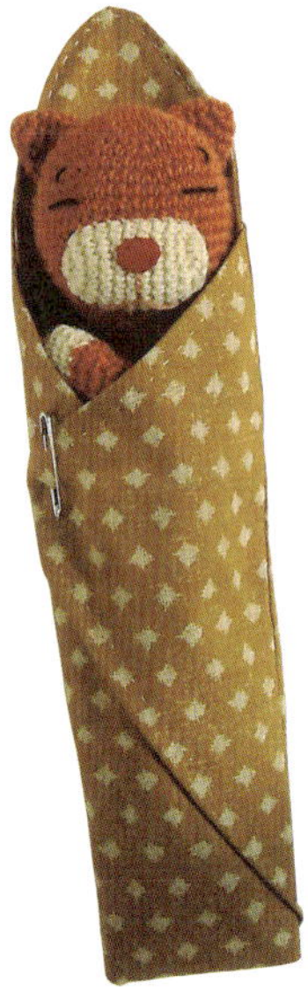

あみねこ特製 みのむしぶくろ

作り方は67ページ

ポケット大好き！

おもてなし

冷たいお茶とお菓子をすすめる練習をするくろすけ

くろすけ：「“どうぞ、冷たいうちにお召し上がりください”…これでいいのかなー」

くろすけ：「なんか気持ちよさそう～」

くろすけ：「このお茶も楽しそう～、氷がカランカランいってるよ～」

（遊んでるうちに寝てしまったくろすけ）

お客さん:「ほぉ、この猫もお菓子ですか？」

お客さん

みんな：「今日はお客さんがくるんだって」

みんな：「グレーのやつ、はりきってるぞ」

グレー：「わくわくするなぁ…」

グレー：「いらっしゃいませ！！」

大の字

お出かけしたのにアオがお弁当落としてしまいました。
ピンク：「ねえねえ」

ピンク：「仕方ないよ、お弁当はどこかで分けてもらおうよ」

ピンク：「それよりさ、みんなで」

コテ：「大の字！」

ピンク：「元気出るでしょ？」

それぞれ

そんなところで何を見ているの？

そんなところで何を見ているの？

オレンジ：「夕日〜！」

ピンク：「夕日！」

しかられた

あみねこの習性 その3

あみねこも たそがれます

ちっちゃなあいつが
あんなふうに
ぽつん
としていたら

そっと
となりに
すわってあげようか

おちこむ

いじける

泣く

いじけてアリを見る

しょぼくれる

アオはひとりが好き

アオはひとりが好き

でもね

シロはアオが好き

アオもシロならいいんだって

すき間に

あ、あのしっぽは

やっぱり

そんなところにいないで出ておいで

ほら、もう怒んないから

高いところにのぼった〜 気分が いいよ

あみねこのうまれ方

夜なべ

夜なべして、

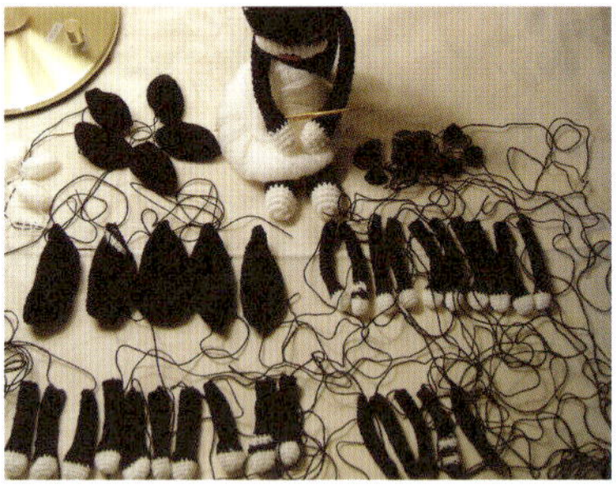

ちっちゃな弟たちをつくるクロチュー

夜なべして、

でっかい弟をつくるアオ

できました

まだかな

オレンジ：「まだかな」

オレンジ：「オレの弟、まだかな」

オレンジ：「こっそり見ちゃお」

オレンジ：「まだできてなかった…」

集会

みんな：「なんか足りないような」

アオ：「おおきな何かが」

アオ：「はっ、いつのまに！」

ところでみなさん、かわった集会ですね…

毛糸違いで編んだら

ふわふわモヘアや、
ループの変わり糸で
編んでみました。
編み地が変わった
おしゃれな
あみねこたちの
でき上がり！
でも、ループの糸は
編みなれてからどうぞ。
編み目が見づらくて
泣きそうになります…

模様違いの仲間たち

編む途中で毛糸の色を変えて模様をつけました。
顔の表情だってさまざま。
いくらでも好きなように
デザインして楽しむことができます。

色を変える段数の目安は63ページ

毛糸で遊んじゃおう

おや、これは何だろう？

ゴーグルかな？

じゃ～ん、ヒゲ！！

そんなにビックリしなくても…

出前の途中のお蕎麦屋さん

おや、これは何だろう？

めがね？

サングラス？

前髪じゃないかしら？

毛糸の太さが違ったら

毛糸の太さで仕上がりの大きさが変わります。
同じ編み図を使っても、
細い毛糸で編めば小さく、
太い毛糸で編めば大きくなります。

合太（30㎝）

中細（27㎝）

合細（23㎝）

全く初心者の方やほぼ初心者の方は、あまり細くないストレートな糸が編みやすいと思います。私は合細を多用しておりますが、初めて編み物をする方は「合太」「並太」「極太」くらいからお試しください。見やすく編みやすいし、よくはかどるので充実感もあります。同じ太さの毛糸でもかぎ針を変えると編み上がりのサイズも変わります。

極細（17㎝）

極細を小さい号数のかぎ針で編んだらさらに小さい手のりサイズに！

編み図です

こま編みで編んで作ります。詳しい編み方と作り方は50・51ページと70・71ページを参照してください。表の作り目は糸のわで作ります。「○回、増（減）目1回」は、こま編みを○回編んだら1回増（減）目するのをくり返す、という意味です。増目は「こま編み2目編み入れ」、減目は「こま編み2目1度」、増減なしは「普通のこま編みで全部編む」です。

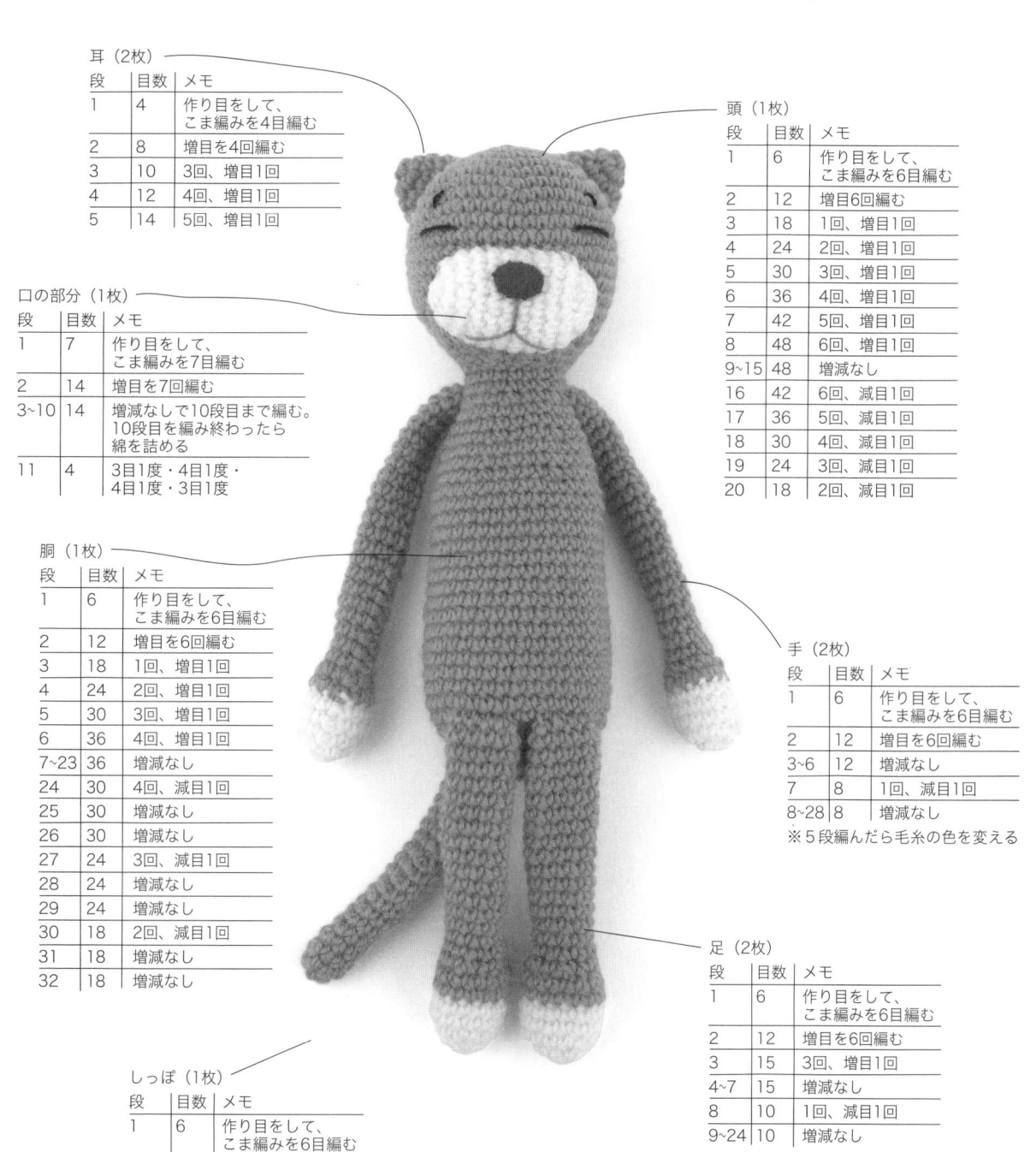

耳（2枚）

段	目数	メモ
1	4	作り目をして、こま編みを4目編む
2	8	増目を4回編む
3	10	3回、増目1回
4	12	4回、増目1回
5	14	5回、増目1回

頭（1枚）

段	目数	メモ
1	6	作り目をして、こま編みを6目編む
2	12	増目6回編む
3	18	1回、増目1回
4	24	2回、増目1回
5	30	3回、増目1回
6	36	4回、増目1回
7	42	5回、増目1回
8	48	6回、増目1回
9~15	48	増減なし
16	42	6回、減目1回
17	36	5回、減目1回
18	30	4回、減目1回
19	24	3回、減目1回
20	18	2回、減目1回

口の部分（1枚）

段	目数	メモ
1	7	作り目をして、こま編みを7目編む
2	14	増目を7回編む
3~10	14	増減なしで10段目まで編む。10段目を編み終わったら綿を詰める
11	4	3目1度・4目1度・4目1度・3目1度

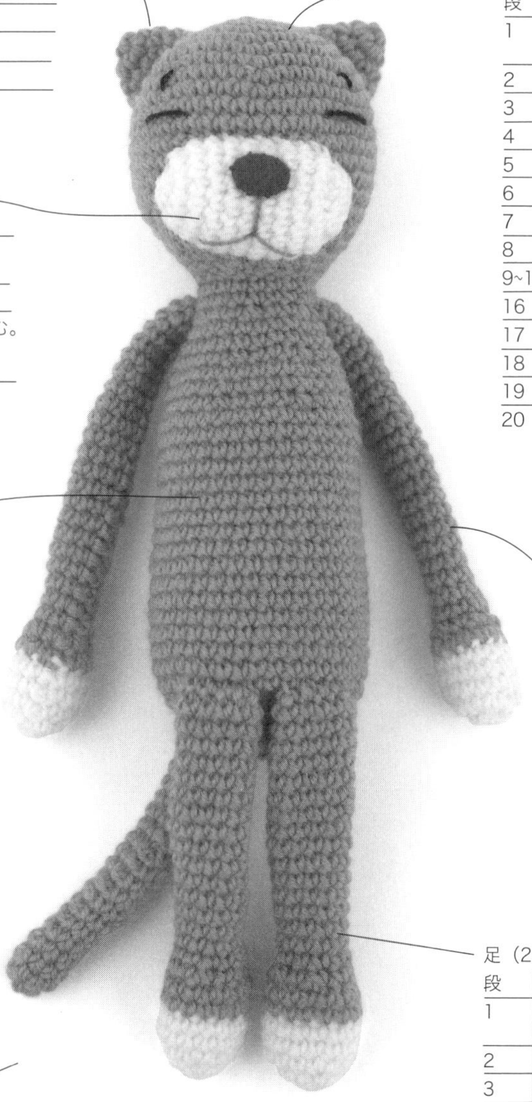

胴（1枚）

段	目数	メモ
1	6	作り目をして、こま編みを6目編む
2	12	増目を6回編む
3	18	1回、増目1回
4	24	2回、増目1回
5	30	3回、増目1回
6	36	4回、増目1回
7~23	36	増減なし
24	30	4回、減目1回
25	30	増減なし
26	30	増減なし
27	24	3回、減目1回
28	24	増減なし
29	24	増減なし
30	18	2回、減目1回
31	18	増減なし
32	18	増減なし

手（2枚）

段	目数	メモ
1	6	作り目をして、こま編みを6目編む
2	12	増目を6回編む
3~6	12	増減なし
7	8	1回、減目1回
8~28	8	増減なし

※５段編んだら毛糸の色を変える

足（2枚）

段	目数	メモ
1	6	作り目をして、こま編みを6目編む
2	12	増目を6回編む
3	15	3回、増目1回
4~7	15	増減なし
8	10	1回、減目1回
9~24	10	増減なし

※５段編んだら毛糸の色を変える

しっぽ（1枚）

段	目数	メモ
1	6	作り目をして、こま編みを6目編む
2	8	2回、増目1回
3~22	8	増減なし

こんな風に編んであげましょう

こま編みをぐるぐる編んでいきます。まず頭から作ってあげましょう。次に、胴、手、足、耳、口の部分の順に編みます。編むときの手の力加減や、綿の詰め方ででき上がりが違ってきます。好みのタイプを見つけてくださいね。

パーツを編みます

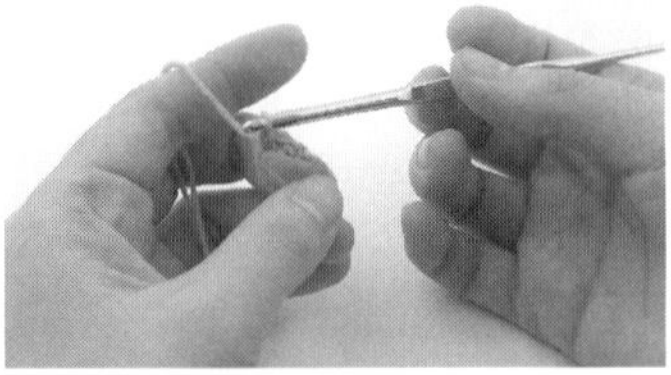

1、輪を作ってこま編みを１段目の目数分編みます。

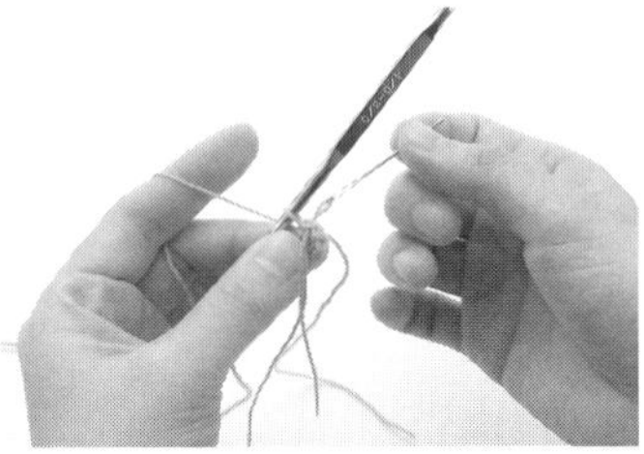

2、段数が数えやすいよう、とじ針で毛糸を通して、目印にします。

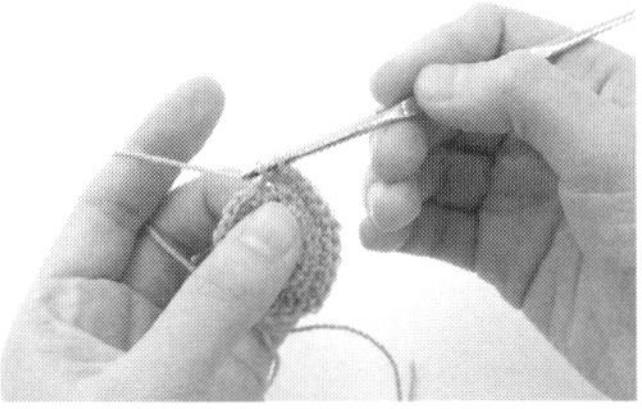

3、増やし目をしながら、ぐるぐる編み進めていきます。

4、増やし目が終わったら減らし目をします。

中身をつめます

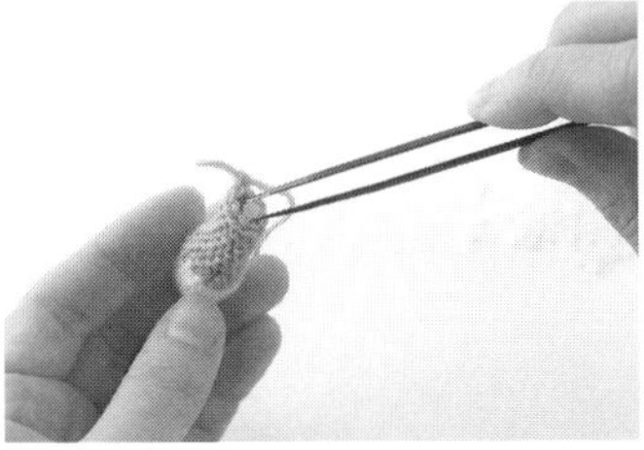

5、頭と胴が編めたら、手を６段目から色を変えて編みます。手は細いので途中でペレットを手の先の膨らんだ部分に入れます。

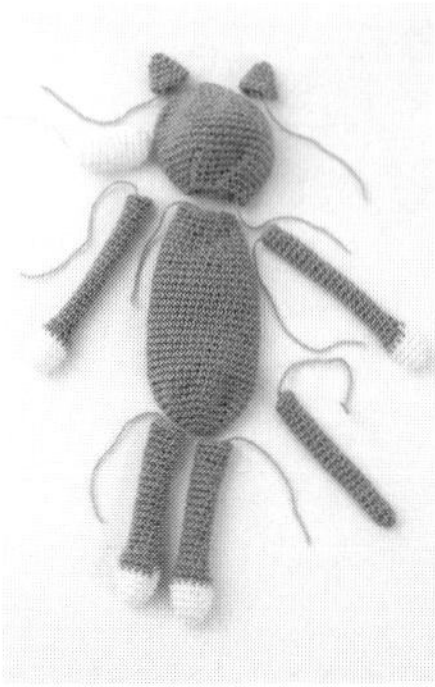

6、全部のパーツができ上がりました。

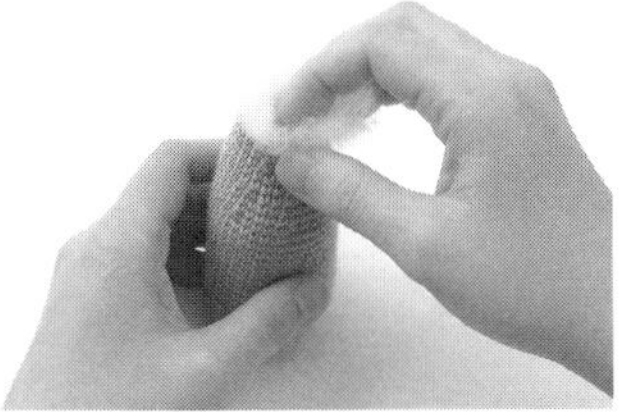

7、胴に先にペレットを３分の１くらい入れてから綿を詰めます。ペレットは手と足にも入れます（手と足は綿を入れません）。頭、口の部分には綿だけ入れ、しっぽは何も入れません。

● 綿の詰め方
きれいに形が出て、さわると柔らかく、ちょっと脱力している感じになればマル。

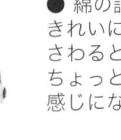

パンパン
綿を詰めすぎると、姿勢はいいけどねこ背にならなくて、たそがれるのが苦手です。

少なめ
綿が少ないと頭とお腹がペチャっとして形がよく出ません。

仮どめしてみます

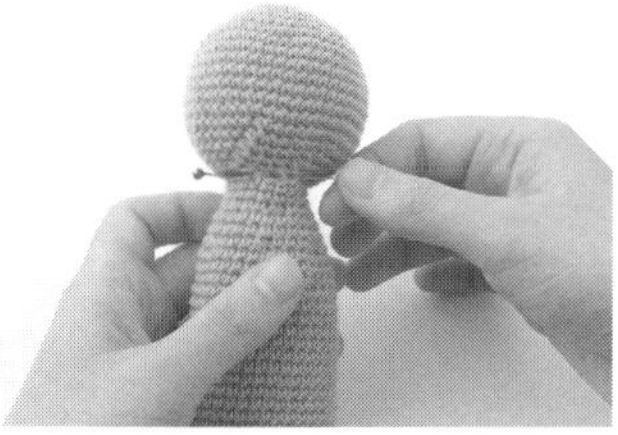

8、 バランスを見ながら頭と胴をマチ針で仮どめします。

9、すべてのパーツをマチ針で仮どめします。足としっぽは座らせるのにじゃまにならない場所につけます。手は真横か少し後ろよりに、胴の編み終わりの一段前くらいのところにつけます。

顔をつくります

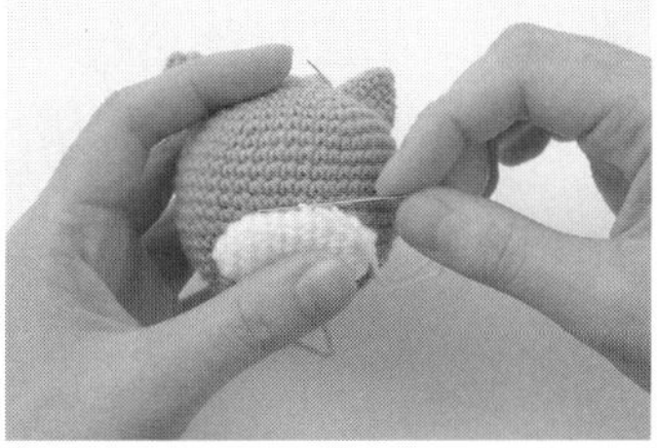

10、とじ針を使って、頭に耳をつけ（私はちょっと後ろよりにつけます）、口の部分をとじつけます。

11、フェルトで鼻をアップリケし、刺しゅう糸か毛糸で口、目、まゆを刺しゅうします。刺しゅう糸は玉どめをして首の綿に針を入れて顔に出し、刺しゅうを終えたらまた綿から出して玉どめをして糸を切ります。

くみたてます

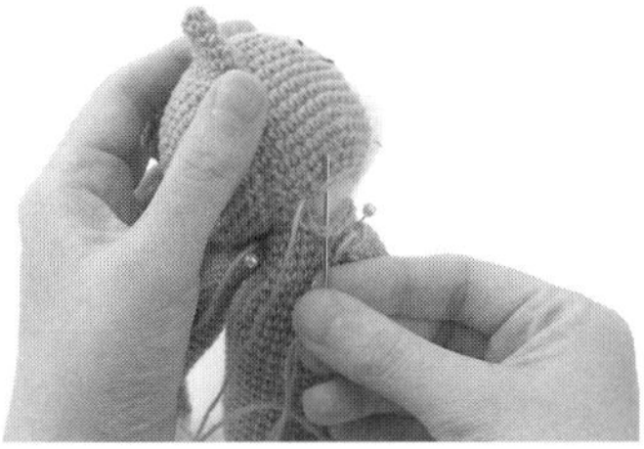

12、とじ針で頭と胴をとじていきます。頭と胴は編み終わりの目数が一緒なので１目ずつていねいにたてまつりします。

13、手をつけます。同じように足、しっぽをつけます。

名前をつけたらでき上がり！　記念写真を撮ってかわいがってあげましょう。

あみねこ記念撮影

全員集合で

はい
ポーズ……。

コテージ

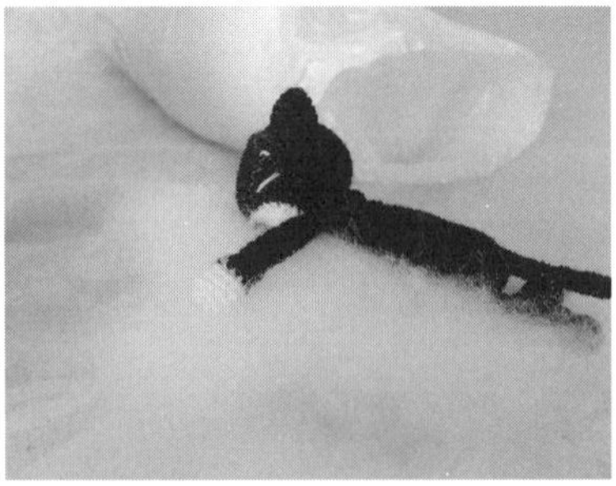

コテージは綿が大好き

コテージ：「わ〜い、わ〜〜い」

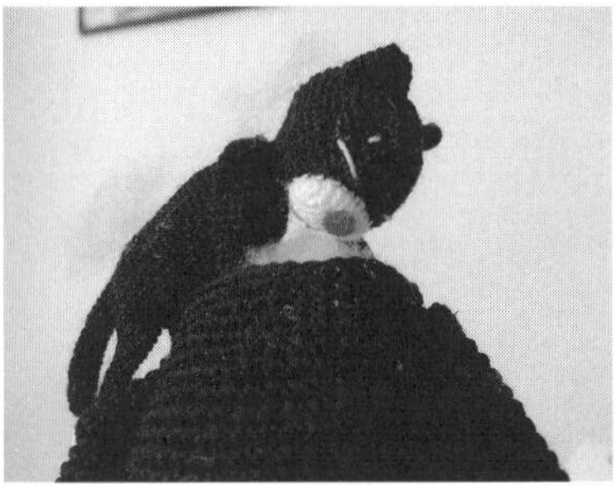

コテージ：「この中にも綿がたくさんあるぞ」

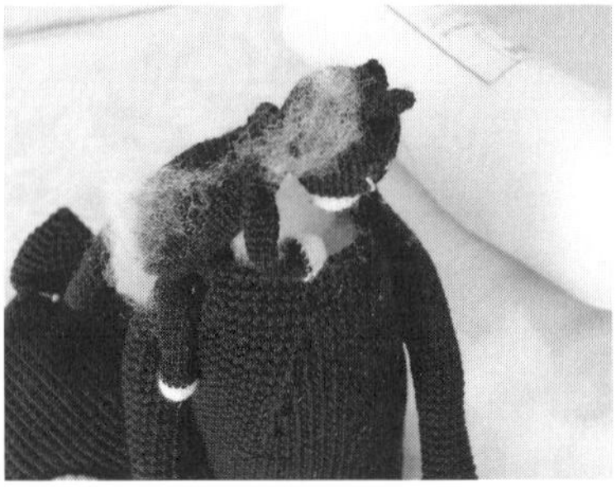

コテージ：「すごいなぁ、入ってみたいなぁ…」

数時間後

でっかい弟ができてアオはしあわせです。
でも…

アオ：「あれ、そういえば」

アオ：「さっきまでこのへんで遊んでた
コテージはどこへ行ったんだろう？」

アオ：「おーい、おーい、大丈夫か〜！
おーーーい！！」
ミドリ：「おーい、コテージ〜！」

コテージ：「し、しまった」

コテージ：「綿をこっそり頂戴したのがばれちゃったんだ…、ものすごく怒られそうだぞ、どうしよう…」
アオ：「コテージ〜、コテージ〜〜！
コテージ〜〜〜！！」

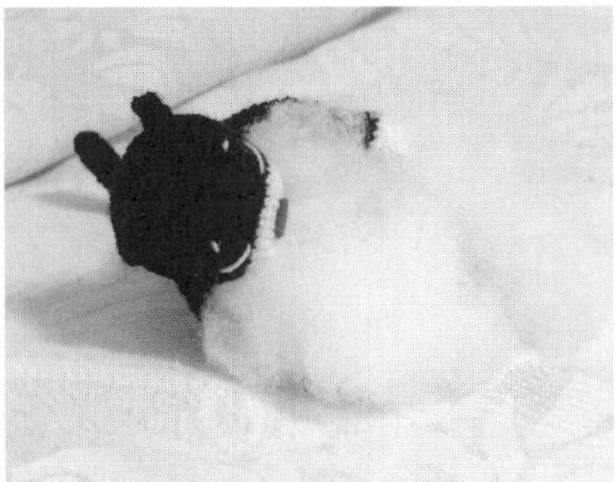

コテージ、動けません…

アオ：「おかしいな〜」

アオ：「コテージがどこに行ったのか知らない？」

アオ：「まさか…綿の中に
もぐりこんじゃって、そのまま…」

たいへんだ！

外で遊ぼう

電車

アオ：「今日も見に来ちゃった！」

アオ：「早く電車来ないかな～」
「あっ！　来た！」

アオ：「電車だ、山手線だ、すごいなぁ、
すごいなぁ！！」

アオ：「別の電車もいっぱい来たぞ、
うわぁ、うわぁ、すごいなぁ～」

翌日、駅のベンチにアオがいた

手すりすべり

コテ：「ひゃっほうぅぅぅぅぅ～！！」

着地失敗

コテ：「おーびっくりした、
凄いスピード！！」

はしる

ひとやすみ

あれっ

せまくて座れないよぉ

こっちの広いところに座りなおそう

あれっ

また落ちてるよ

あるく

あみねこ百面相

眉が目頭のそばにある

離れめ　普通　よりめ

目の位置が上

中

下

にらめっこ

笑ったら負けよ、アップップ～

にらめっこしましょ、アップップ～

眉が目尻のそばにある

あみねこたちの顔は、目やまゆの位置によって、表情が幾とおりにも表現できます。

いろいろ作ってお気に入りの表情を見つけてね

離れめ　普通　よりめ

目の位置が上

中

下

アオ：「わっはっは〜
ま、まいりましたっ」

笑ったら負けよ、あっプッ、、、

2倍の編み図で編んだら

身長が普通サイズの2倍になる大きなサイズのあみねこです。ちっちゃな子供なら胸に抱くのにぴったり。横に並んで座わるときょうだいみたい！

作り方は普通サイズと同じ。毛糸は普通サイズの４倍必要です。太い糸で編めばさらに大きくなります。目数を数えるのが大変なので、段ごとに印をつけるといいです。大きいのできつめに編んでもポーズはつけられます。綿もしっかりめに詰めましょう。手や足にもペチャンコにならない程度に綿を入れるのもいいです。詰め物はペレットより重いものは入れないほうが編み地が伸びなくて安心です。

表の作り目は糸のわで作ります。「○回、増(減)目１回」は、こま編みを○回編んだら１回増(減)目するのをくり返す、という意味です。増目は「こま編み２目編み入れ」、減目は「こま編み２目１度」、増減なしは「普通のこま編みで全部編む」です。

手（2枚）

段	目数	メモ
1	6	作り目をして、 こま編みを6目編む
2	12	増目を6回編む
3	18	1回、増目1回
4	24	2回、増目1回
5~13	24	増減なし
14	16	1回、減目1回
15～56	16	増減なし

※10段編んだら毛糸の色を変える

足（2枚）

段	目数	メモ
1	6	作り目をして、 こま編みを6目編む
2	12	増目を6回編む
3	18	1回、増目1回
4	24	2回、増目1回
5	27	7回、増目1回
6	30	8回、増目1回
7~15	30	増減なし
16	20	1回、減目1回
17~48	20	増減なし

※10段編んだら毛糸の色を変える

しっぽ（1枚）

段	目数	メモ
1	6	作り目をして、 こま編みを6目編む
2	12	増目を6回編む
3	16	2回、増目1回
4~44	16	増減なし

口の部分（1枚）

段	目数	メモ
1	7	作り目をして、 こま編みを7目編む
2	14	増目を7回編む
3	21	1回、増目1回
4	28	2回、増目1回
5~19	28	増減なし
20	21	2回、減目1回

※このへんで綿を詰めておく。

21	14	1回、減目1回
22	4	3目1度・4目1度・ 4目1度・3目1度

胴（1枚）

段	目数	メモ
1	6	作り目をして、 こま編みを6目編む
2	12	増目を6回編む
3	18	1回、増目1回
4	24	2回、増目1回
5	30	3回、増目1回
6	36	4回、増目1回
7	42	5回、増目1回
8	48	6回、増目1回
9	54	7回、増目1回
10	60	8回、増目1回
11	66	9回、増目1回
12	72	10回、増目1回
13~46	72	増減なし
47	66	10回、減目1回
48~49	66	増減なし
50	60	9回、減目1回
51~52	60	増減なし
53	54	8回、減目1回
54~55	54	増減なし
56	48	7回、減目1回
57~58	48	増減なし
59	42	6回、減目1回
60~61	42	増減なし
62	36	5回、減目1回
63~64	36	増減なし

耳（2枚）

段	目数	メモ
1	4	作り目をして、 こま編みを4目編む
2	8	増目を4回編む
3	12	1回、増目1回
4	16	2回、増目1回
5	18	7回、増目1回
6	20	8回、増目1回
7	22	9回、増目1回
8	24	10回、増目1回
9	26	11回、増目1回
10	28	12回、増目1回

※左ページのあみねこは、耳の１枚の７段めと９段めを毛糸の色を変えて編む

頭（1枚）

段	目数	メモ
1	6	作り目をして、 こま編みを6目編む
2	12	増目6回編む
3	18	1回、増目1回
4	24	2回、増目1回
5	30	3回、増目1回
6	36	4回、増目1回
7	42	5回、増目1回
8	48	6回、増目1回
9	54	7回、増目1回
10	60	8回、増目1回
11	66	9回、増目1回
12	72	10回、増目1回
13	78	11回、増目1回
14	84	12回、増目1回
15	90	13回、増目1回
16	96	14回、増目1回
17~30	96	増減なし
31	90	14回、減目1回
32	84	13回、減目1回
33	78	12回、減目1回
34	72	11回、減目1回
35	66	10回、減目1回
36	60	9回、減目1回
37	54	8回、減目1回
38	48	7回、減目1回
39	42	6回、減目1回
40	36	5回、減目1回

はやく大きくなれよ～
はやく 小さく なれよ～

右は合細の毛糸を使って２倍の編み図で。
左は極細の毛糸を普通の編み図で。

あみねこを作るために用意するもの

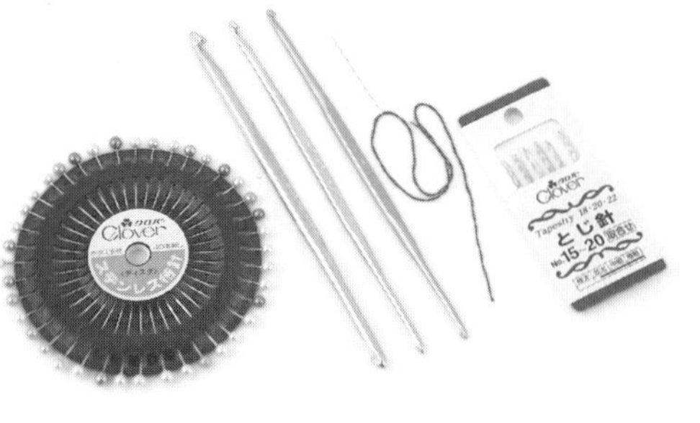

かぎ針ととじ針、マチ針、刺しゅう針

毛糸のパッケージに書いてあるかぎ針の号数はあくまで目安です。編むときの手の力加減は人それぞれなので、試し編みをしてみてちょうどいい号数を見つけてください。私はとってもきつめに編むクセがあるので、合細を6号針で編んでいます（汗）。

毛糸

さわってみて「あー気持ちいいな」と思える糸や自分の好きな色、見ていて落ち着く色を選んでください。ウール、それもメリノウールが混ざっているほうが、手ざわりがよくて気持ちもなごみます。初心者の方は変わり糸より、ストレートのほうが編みやすいです。私は合細を愛用しています。

ペレット

手芸店でぬいぐるみ用を求めます。お尻と手足の先に詰めて重みを出します。小さなお子さんがいるときは、編み目からこぼれないように、また飲み込まないように注意してください。ストッキングで作った袋などに入れて使うと安心です。代用品として小石やビービー弾、ビー玉などが使えます。

小物を作るには

布

座ぶとん、寝具、服などを作るときに使います。

刺しゅう糸

目やまゆ、口をつけるときに使います。ツヤのないのがお好きなら細い毛糸を使ってもいいでしょう。

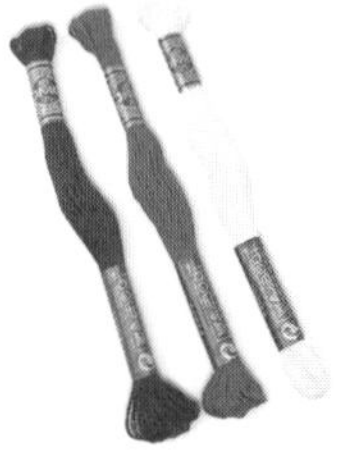

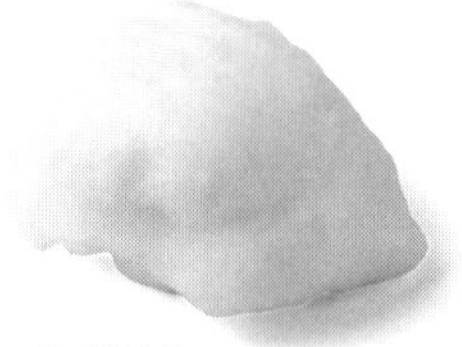

化繊綿

手芸店でぬいぐるみ用のものを求めます。綿で形を作るようにして詰めますが、詰めすぎると毛糸が伸びるので気をつけてください。

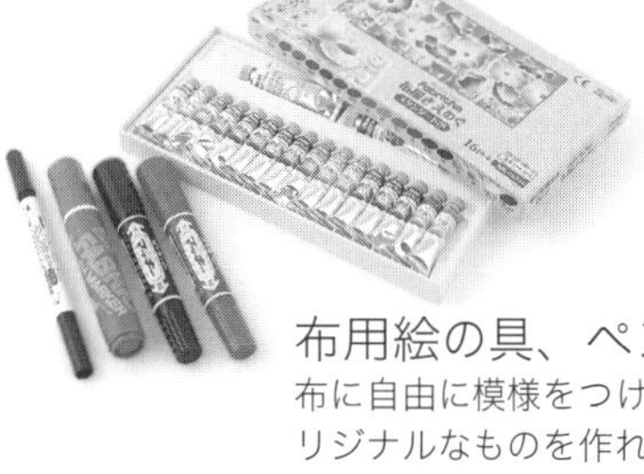

布用絵の具、ペン

布に自由に模様をつけてオリジナルなものを作れます。

フェルト

鼻を作ります。好みで目や舌などに使ってもおもしろいです。よく切れるはさみを使わないと、裁ち端がボロボロします。

模様違いの編み図です

編む途中で毛糸の色を変えると、さまざまな模様がつけられます。
イラスト内の数字は色を変えるときの段数の目安です。

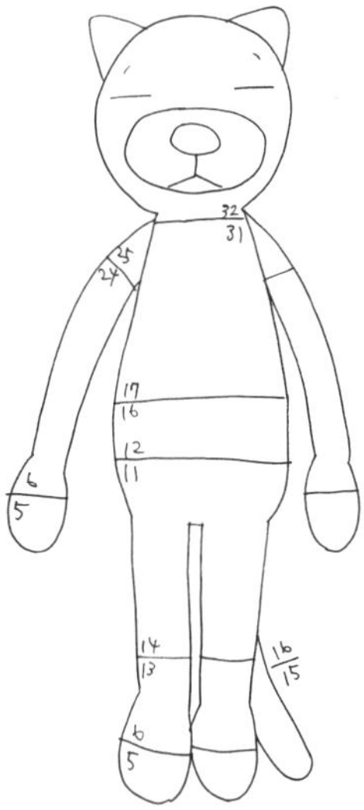

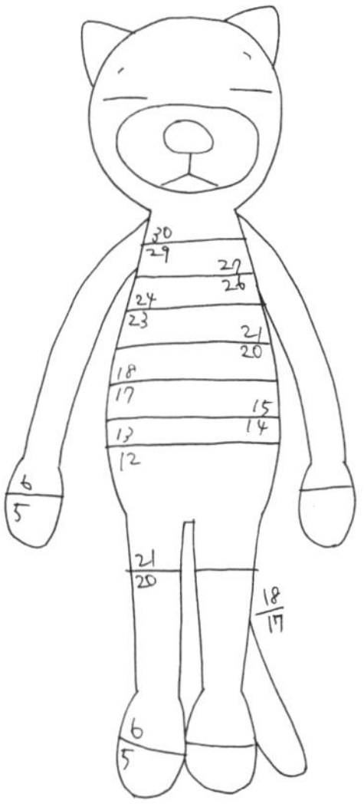

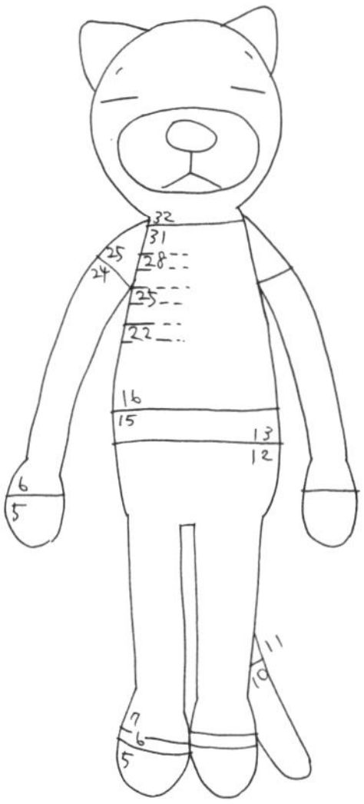

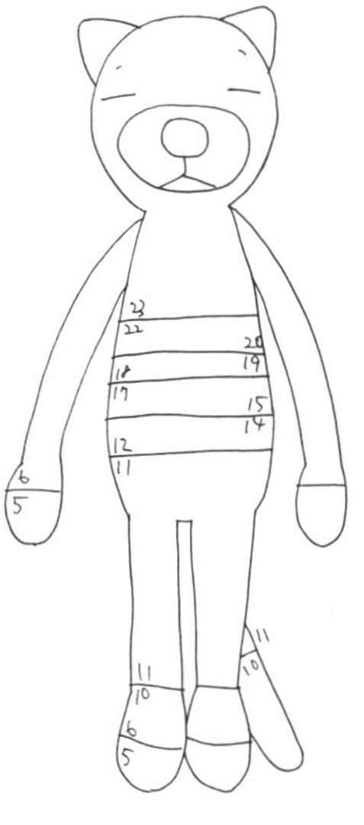

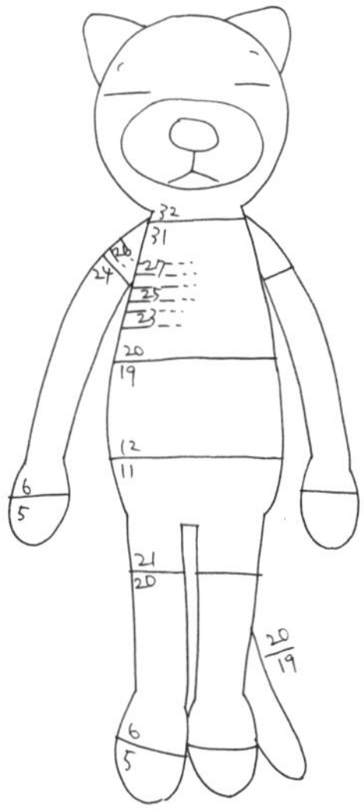

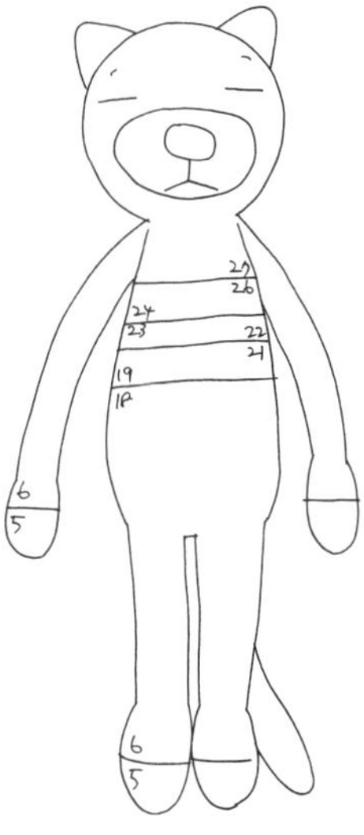

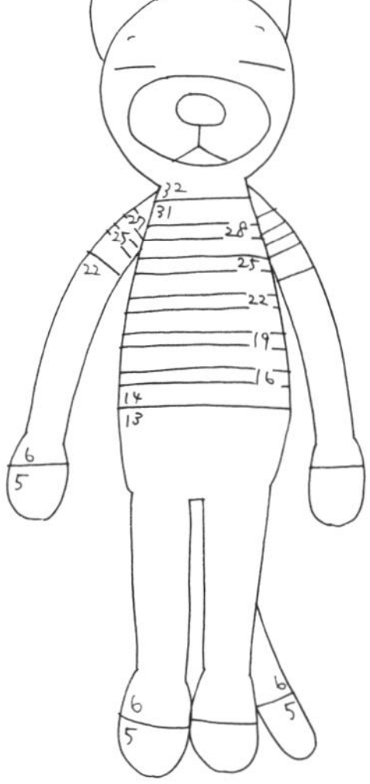

ふとんと座ぶとんの作り方

ふとんと座ぶとんは大きめに作ると、あみねこがよりかわいく見えます。

ふとん

敷きぶとん

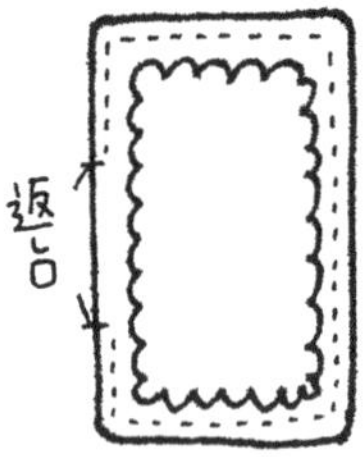
返し口

①、四角い布を2枚中表に重ねて周囲をぬう。

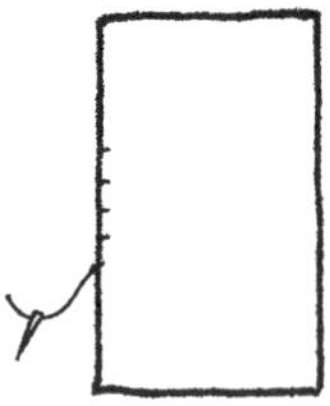

②、化繊綿を重ねて表に返し、返し口をとじる。

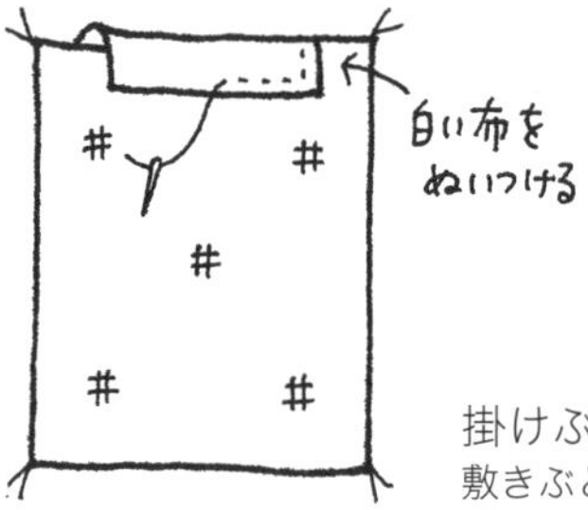
白い布をぬいつける

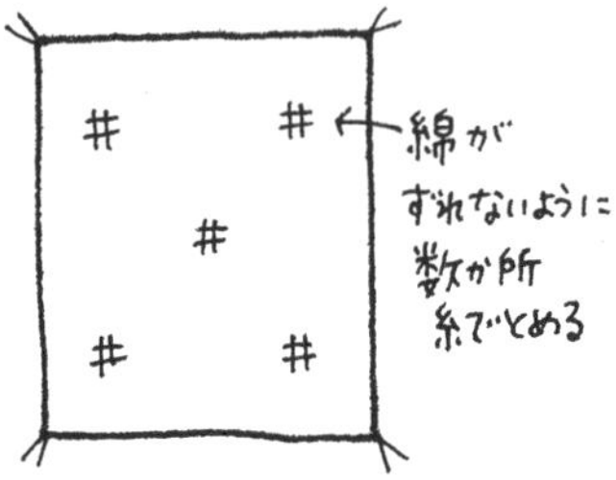
綿がずれないように数か所糸でとめる

掛けぶとん
敷きぶとんと同じように化繊綿を詰めて作る。

枕

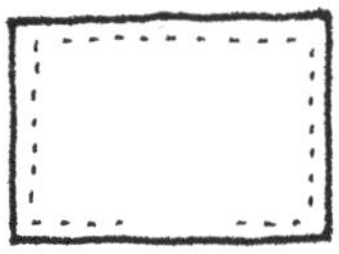

①、四角い布を２枚、中表に重ねて周囲をぬい、表に返す。

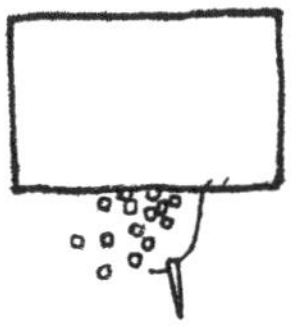

②、ペレットを入れて、返し口をとじる。

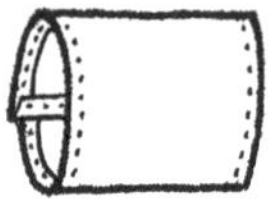

白い布でカバーを作る。

座ぶとん

①、四角い布を２枚中表に重ねて周囲をぬう。

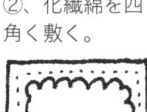

②、化繊綿を四角く敷く。

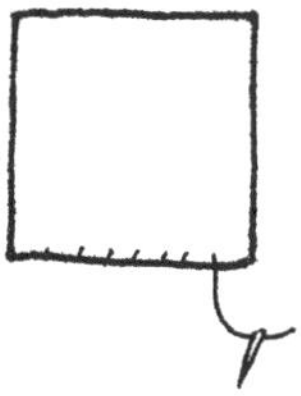

③、綿がずれないように押さえながら表に返し、残りの一辺をぬいとじる。

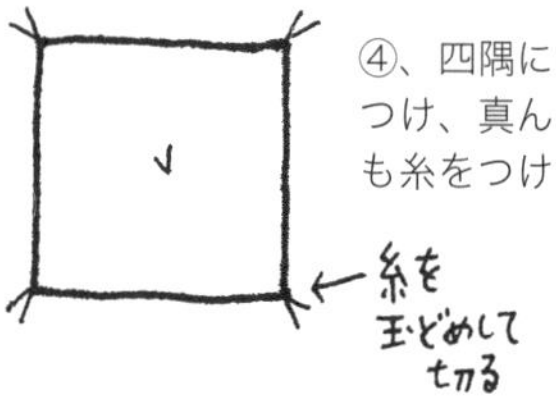
糸を玉どめして切る

④、四隅に糸をつけ、真ん中にも糸をつける。

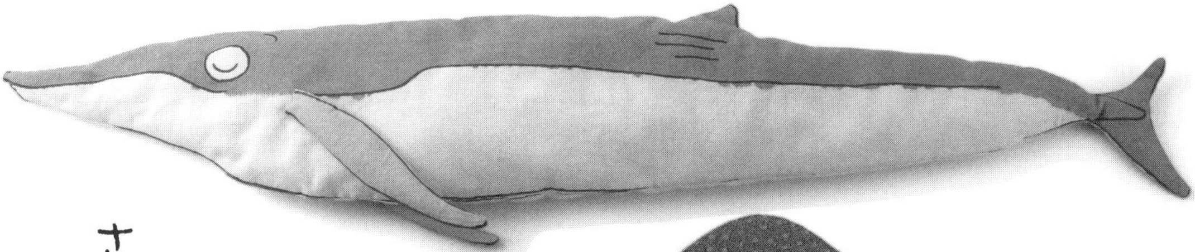

さかなマクラ

①、さかなの形に切った布を
２枚中表に重ねて周囲をぬう。

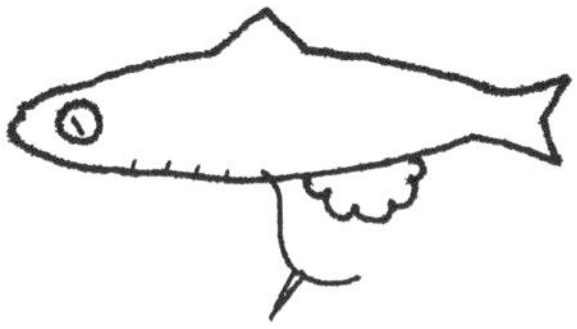

②、表に返して綿を詰め、
返し口をとじる。

金魚はこのへんを
返し口にすると
ひっくり返しやすい

するめ座ぶとん

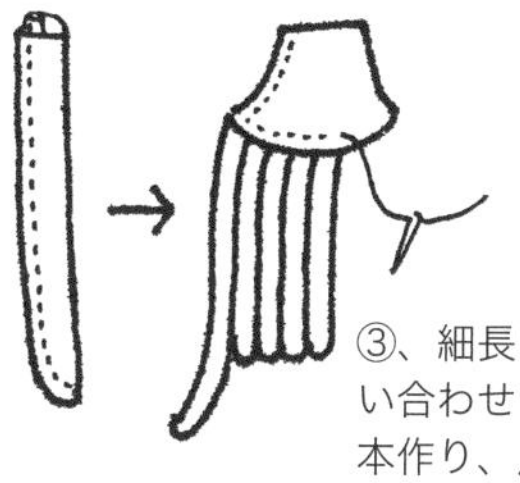

③、細長い布をぬい合わせて足を10本作り、足のつけ根部分にはさみ込んでぬう。

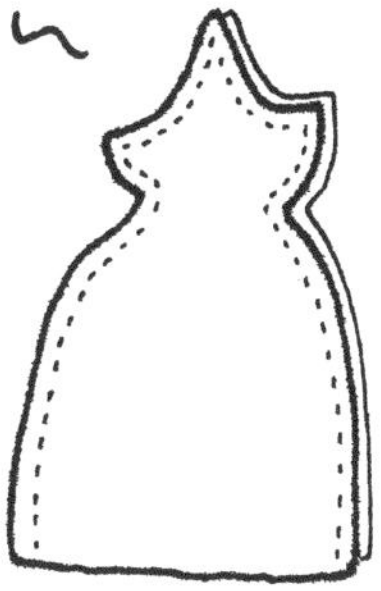

①、胴体を２枚中表にして
ぬい合わせ、表に返す。

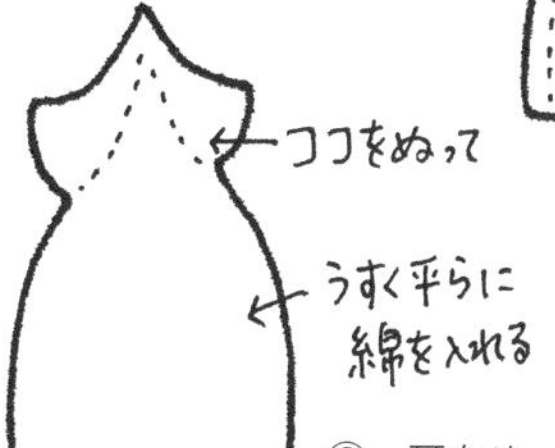
ココをぬって
うすく平らに
綿を入れる

②、耳をぬって綿を入れる

④、最後に胴体に
③をはさんでぬい
とじる。

ポケットは
おこのみで

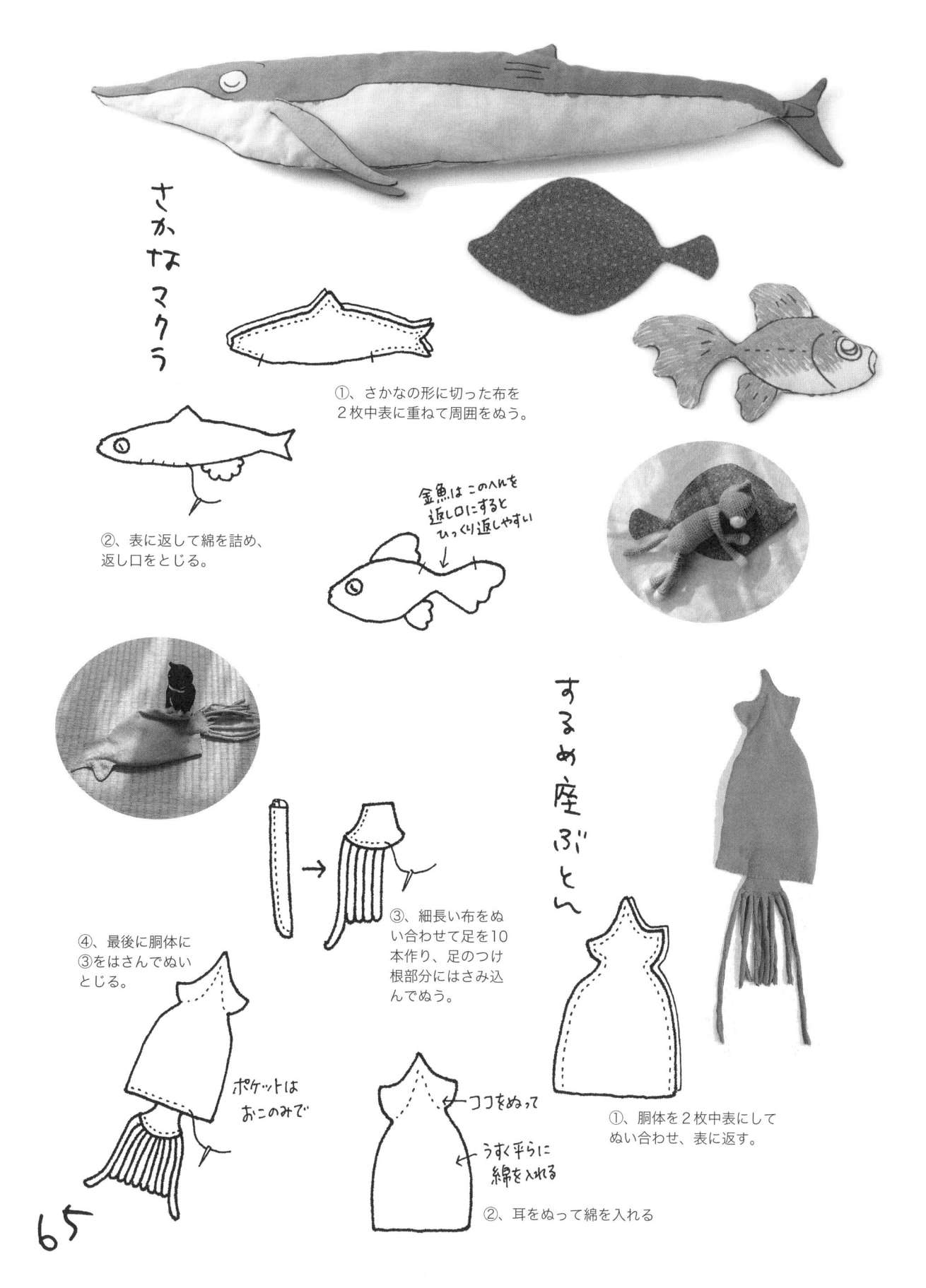

服の作り方

※実物大型紙は200％に拡大してお使いください。ぬいしろは必要分つけて布を裁ってください。

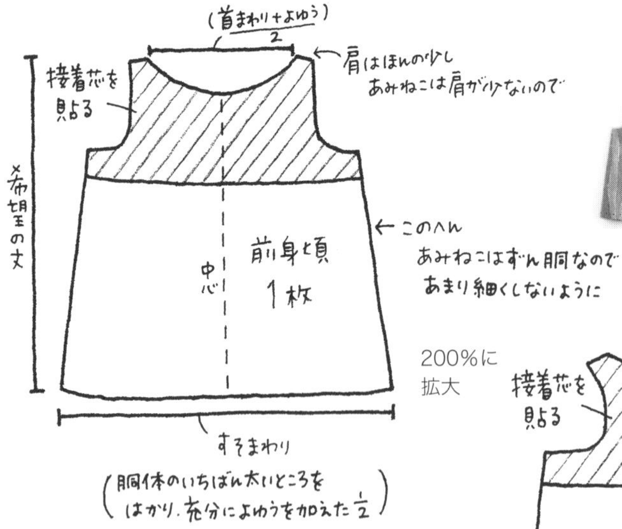

(首まわり＋よゆう / 2)
肩はほんの少し
あみねこは肩が少ないので
接着芯を貼る
希望の丈
このへん
あみねこはずん胴なので
あまり細くしないように
中心
前身頃
1枚
すそまわり
(胴体のいちばん太いところをはかり、充分によゆうを加えた 1/2)

200％に拡大

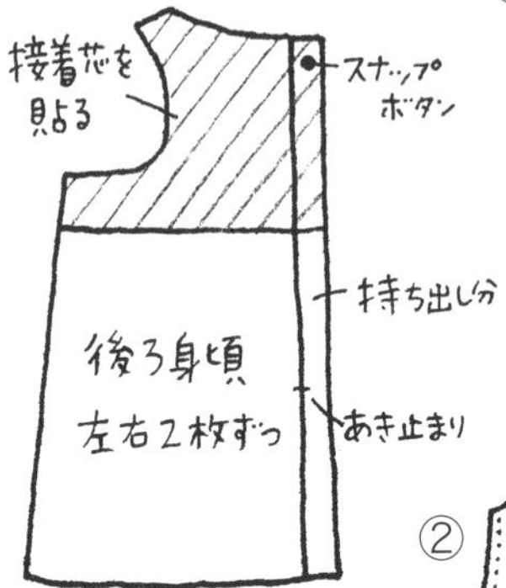

接着芯を貼る
スナップボタン
持ち出し分
後ろ身頃
左右2枚ずつ
あき止まり

ワンピースの実物大型紙

●ワンピース（スイカ服共通）

後ろ身頃の片方に、スナップをつけるための持ち出し部分をプラスして布を裁つ。そでぐり、襟ぐりの始末は小さくて大変なので、裏に接着芯を貼る。

①

①、後ろ身頃を中表にして、中心をあき止まりまでぬい合わせ、スナップボタンをつける。

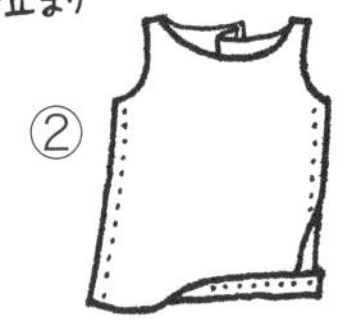

②

②、前身ごろと①を中表にして脇、肩をぬい、裾を始末して表に返す。

200％に拡大

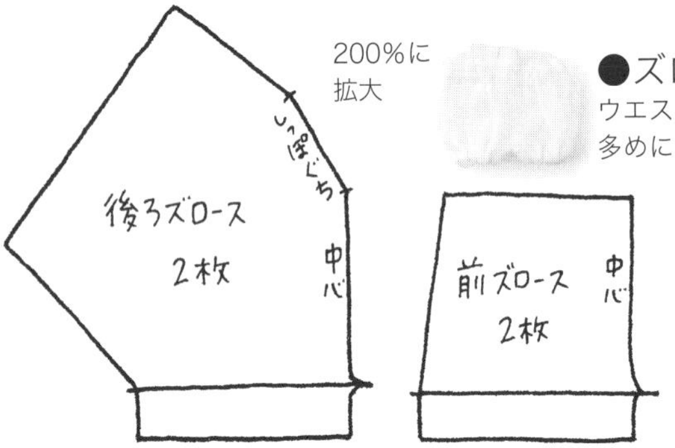

しっぽぐち
後ろズロース
2枚
中心
前ズロース
2枚
中心

ズロースの実物大型紙

●ズロース

ウエストと裾にゴムを通すので、多めにぬいしろをつけて布を裁つ。

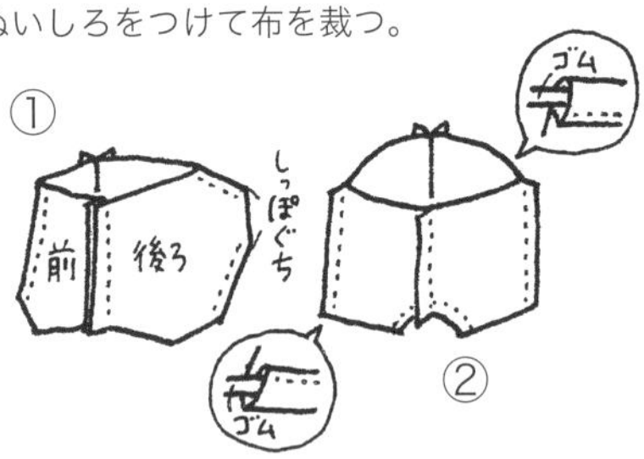

①
前
後ろ
しっぽぐち
ゴム
ゴム
②

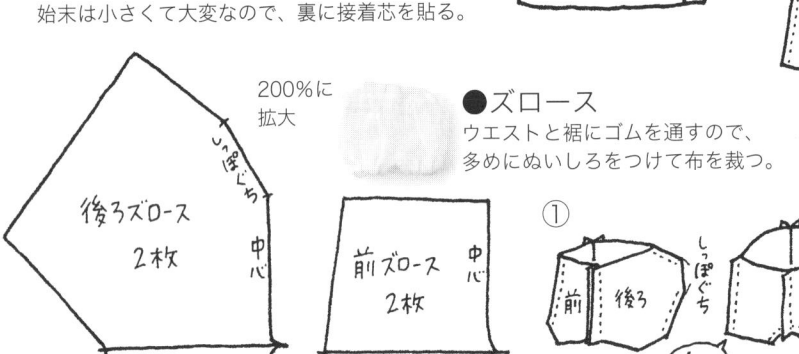

①、前ズロース、後ろズロースをそれぞれ中表に合わせて中心をぬう。しっぽぐち、股下は縫い残す。前と後ろを中表に重ね、両脇をぬう。

②、股下をぬい、ウエストと裾にゴムを通す。

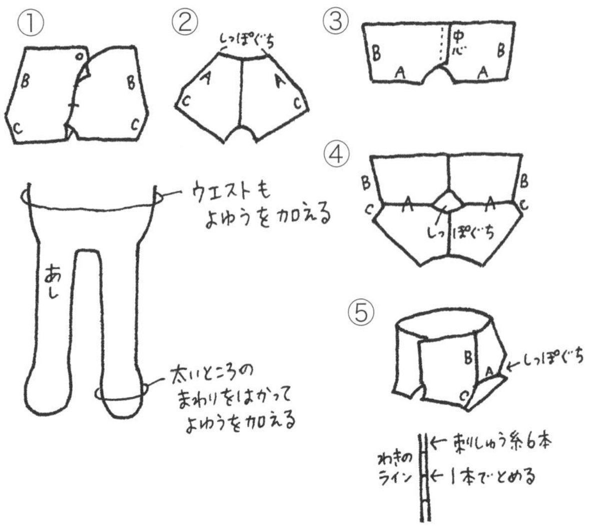

①
B
B
C
C
②
しっぽぐち
A
A
C
C
③
中心
B
B
A
A
④
B
B
A
A
C
C
しっぽぐち
⑤
B
A
C
しっぽぐち
ウエストもよゆうを加える
あし
太いところのまわりをはかってよゆうを加える
わきのライン
刺しゅう糸6本
1本でとめる

●海水パンツ

①、前パンツの片方にスナップをつけるための持ち出し分をプラスして布を裁ち、前パンツの中心をぬう。
②、底マチの中心をぬう。
③、おしりの中心をぬう。
④、底マチとおしりのA同士をぬい合わせる。
⑤、前パンツと③のB同士をぬい合わせ、さらにCの部分をぬい合わせる。前と底マチの股下部分もぬい合わせる。スナップボタンをつけてぬいしろを始末する。脇に刺しゅう糸でラインを入れる。

●みのむしぶくろ

①、採寸します。

さむいポーズの手のまわり
おしりまわり
足としっぽのまわり

②、布を裁ち、ふたの部分の三辺と見返し、袋部分の口をほつれないように始末する

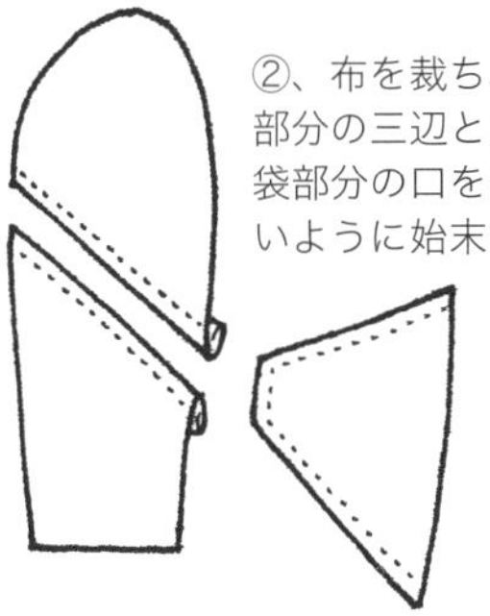

③、1～4の順に重ねる

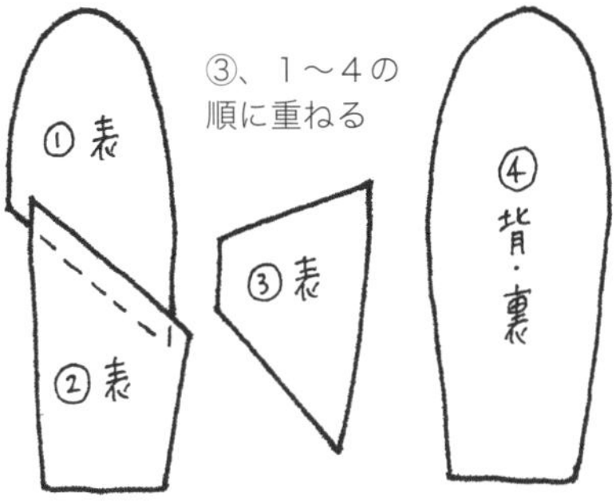

①表
②表
③表
④背・裏

④、ふたの短い辺をぬい込まないように気をつけながら周囲をぬう。

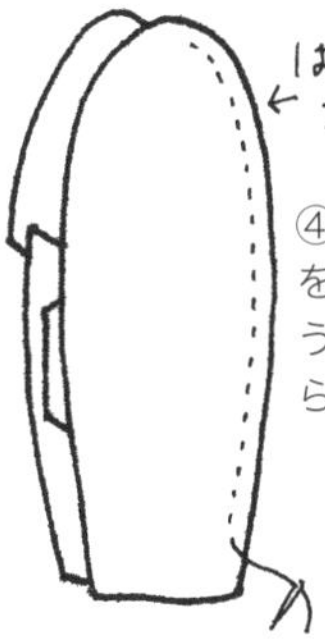

はじめにココをぬう

⑤、表に返し、スナップやひもなどをお好みでつける。安全ピンならいちばんカンタン。

ちょこっと手が見えてるとかわいい

みのむしぶくろの実物大型紙

200%に拡大

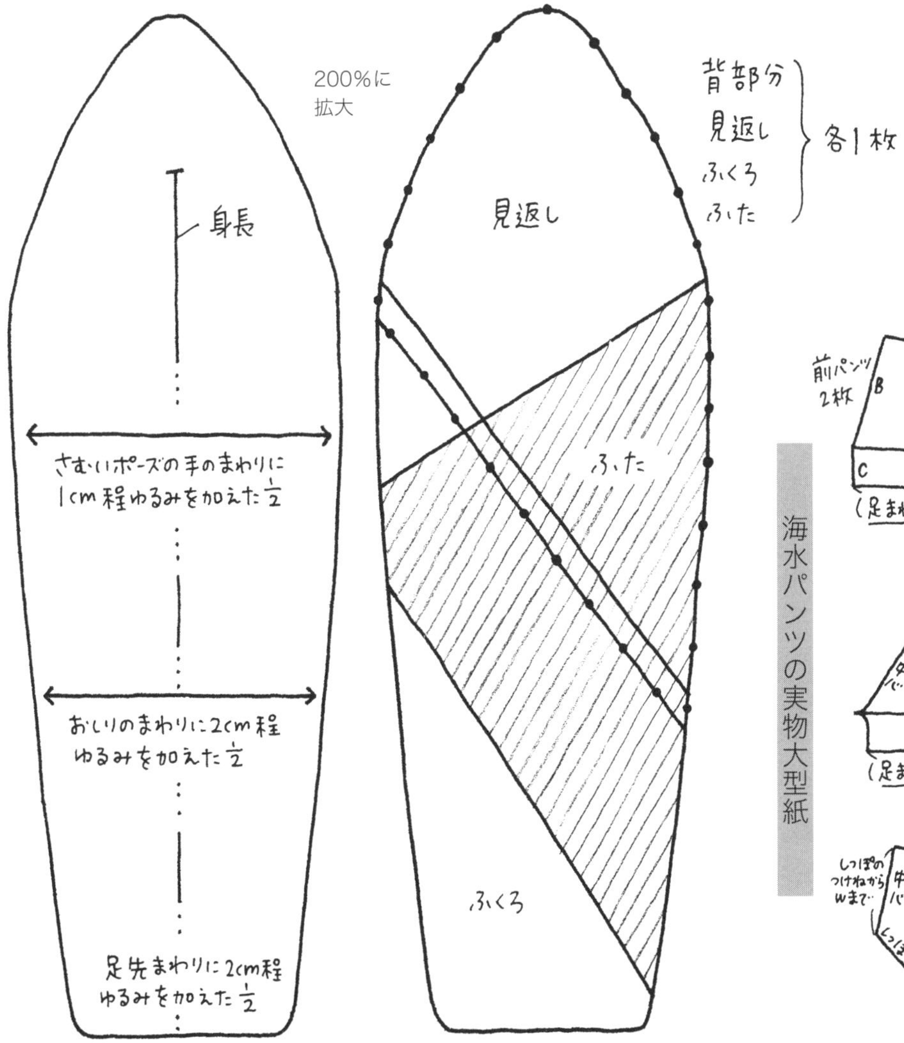

身長
さむいポーズの手のまわりに1cm程ゆるみを加えた1/2
おしりのまわりに2cm程ゆるみを加えた1/2
足先まわりに2cm程ゆるみを加えた1/2
見返し
ふた
ふくろ
背部分
見返し
ふくろ
ふた
各1枚

海水パンツの実物大型紙

200%に拡大

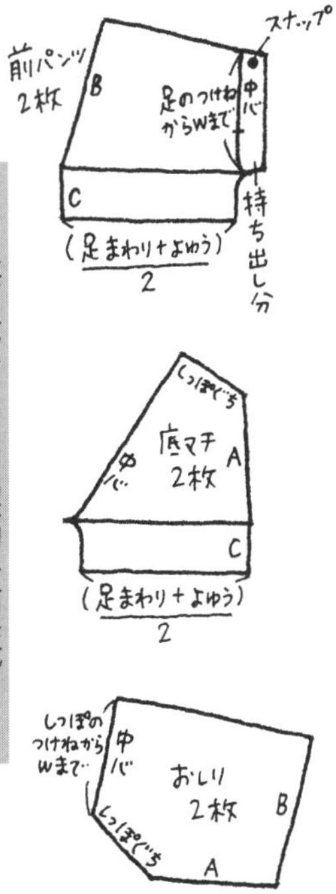

前パンツ2枚
B
スナップ
足のつけねからWまで
中心
C
持ち出し分
(足まわり+よゆう)/2
しっぽぐち
底マチ2枚
中心
A
C
(足まわり+よゆう)/2
しっぽのつけねからWまで
中心
おしり2枚
しっぽぐち
A
B

さかなマクラの実物大型紙

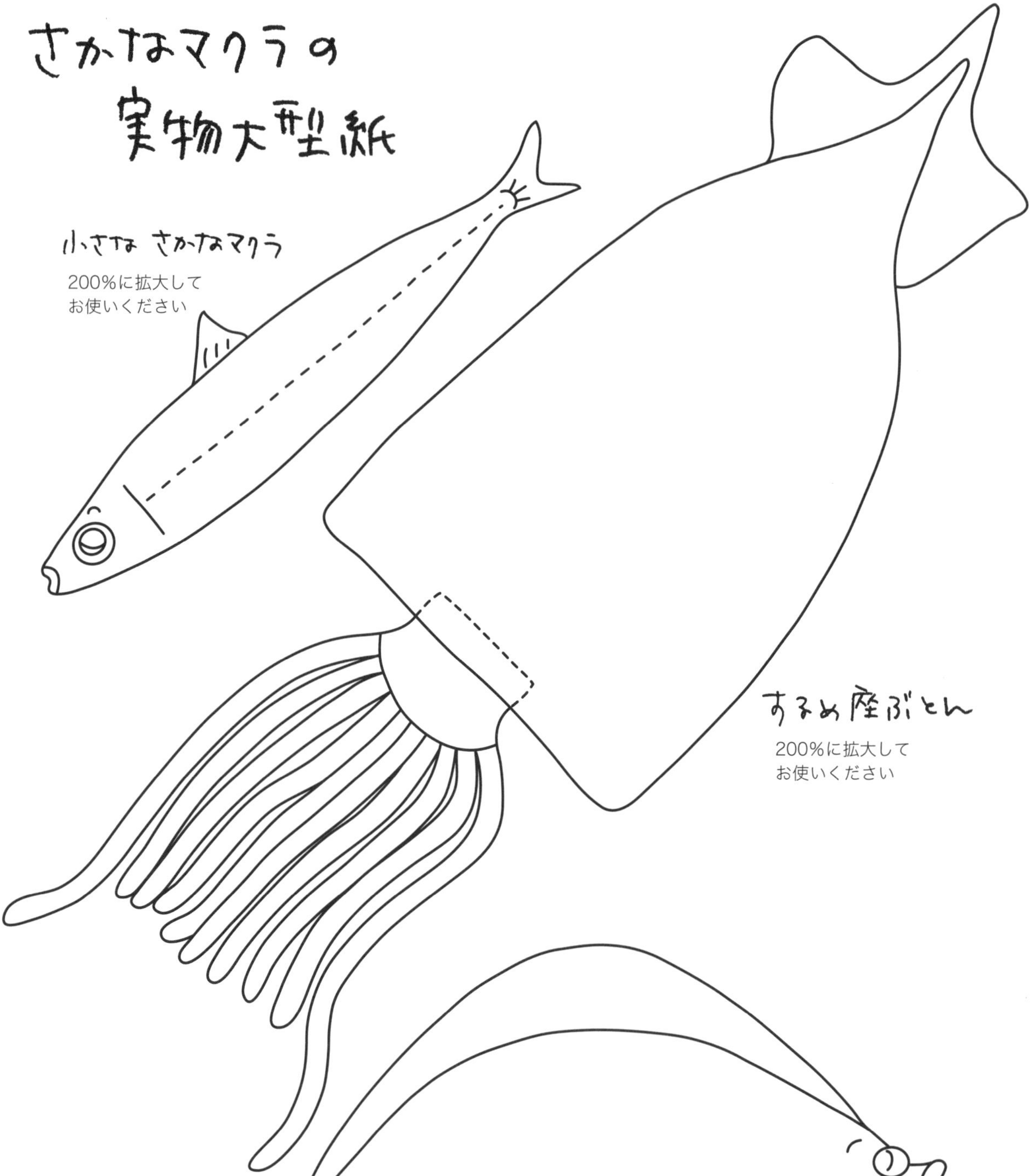

小さな さかなマクラ

200%に拡大して
お使いください

するめ座ぶとん

200%に拡大して
お使いください

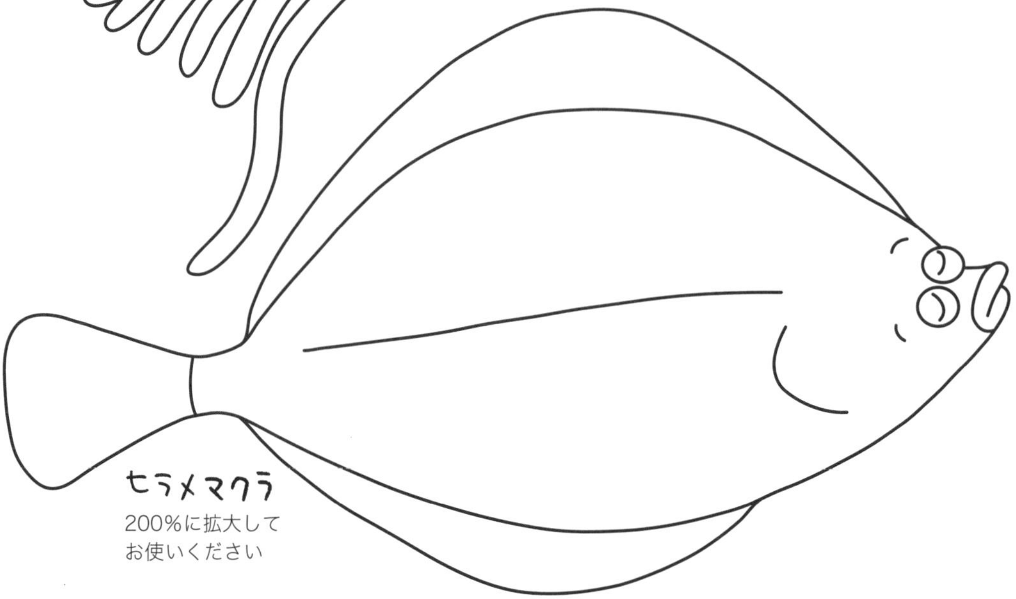

ヒラメマクラ

200%に拡大して
お使いください

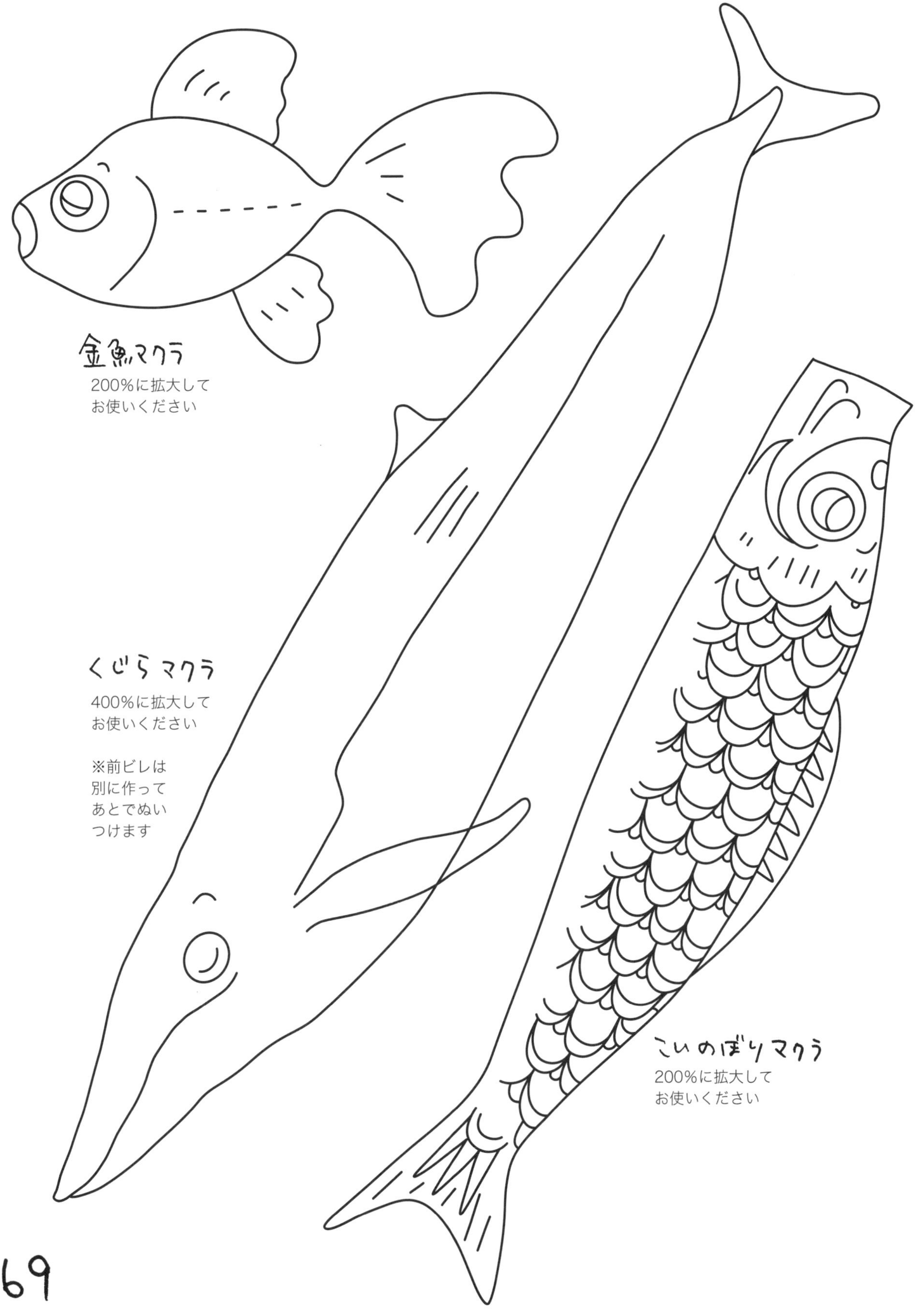

金魚マクラ

200%に拡大して
お使いください

くじら マクラ

400%に拡大して
お使いください

※前ビレは
別に作って
あとでぬい
つけます

こいのぼりマクラ

200%に拡大して
お使いください

編み方の基本

あみねこを作るのに必要な編み方の解説です。
いったん覚えれば、
あとはすいすい編めるはず、です。がんばって！

糸のかけ方とかぎ針の持ち方

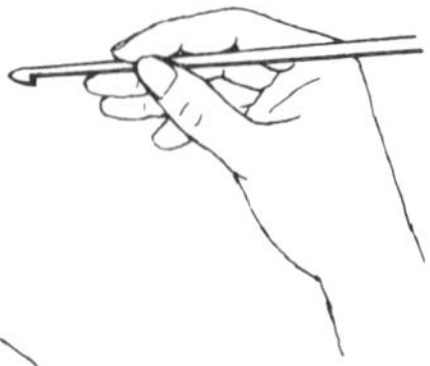

● かぎ針の持ち方（右手）
針先のかぎになっている側を手前にして、親指と人差し指で持ち、中指を添えます。

●糸のかけ方（左手）
①糸端を小指と薬指の間にはさんで手前に出し、人差し指に向こうからかけて、手前に出します。

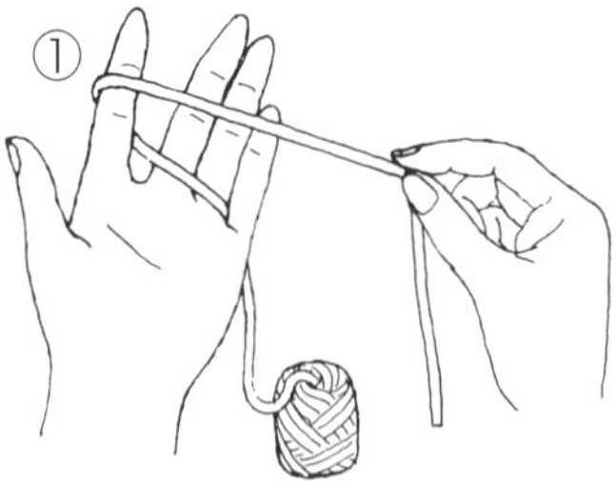

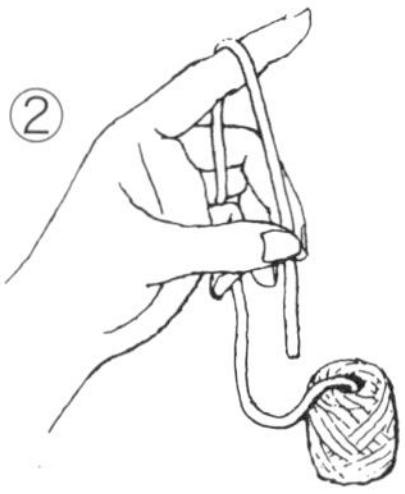

②糸端を親指と中指で持ち、人差し指を立てて糸をピンと張ります。

こま編みの編み方（糸のわの作り目から編む方法）

糸のわで作り目をして、
こま編みでぐるぐる円形に編む方法です。

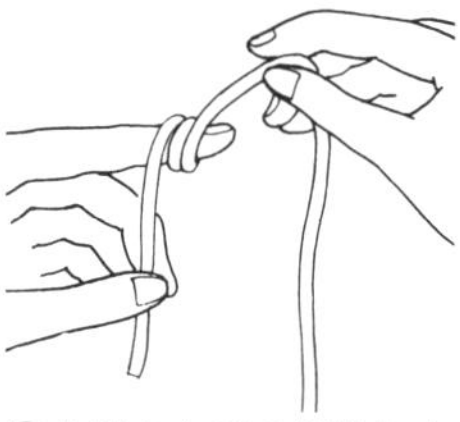

①糸端を左手の親指と中指で持って、人差し指に糸を2回巻きつけます。

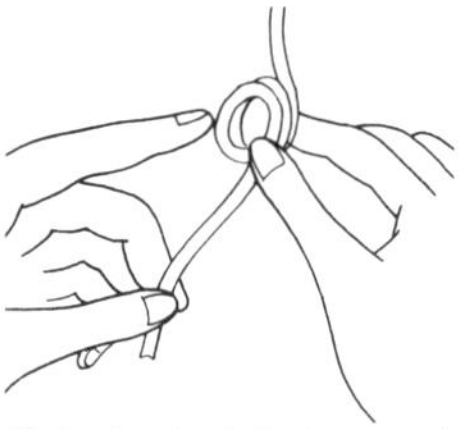

②右手でわを指からはずします。

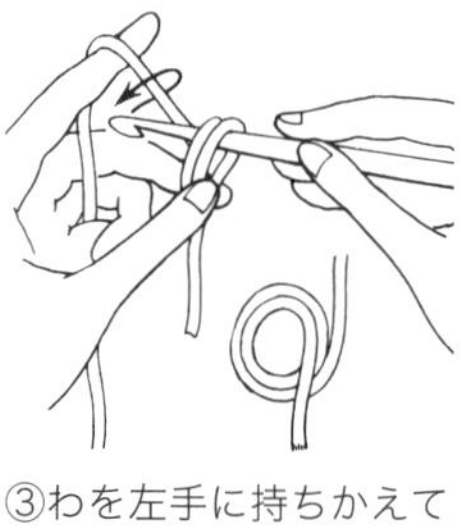

③わを左手に持ちかえて糸を人差し指にかけ、針をわの中に入れて、糸をかけて引き出します。

④もう一度針に糸をかけ、矢印のように引き出して鎖を1目編みます。

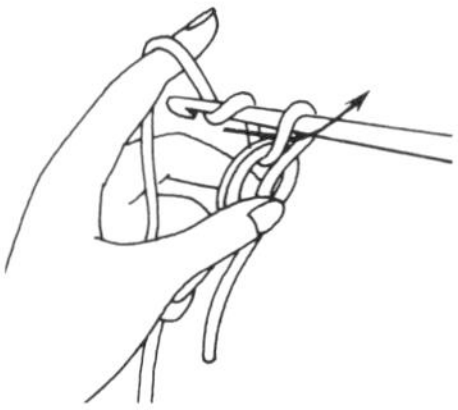

⑤次にこま編みを編みます。まず、わの中に針を入れ、糸をかけて引き出します。

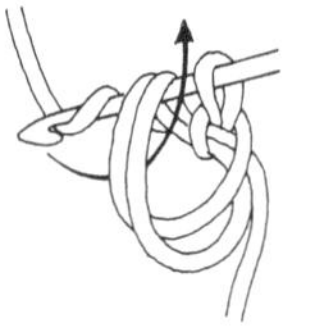

⑥また、針に糸をかけて、矢印のように2つのループを一度に引き抜きます。

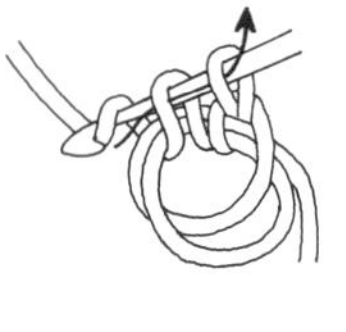

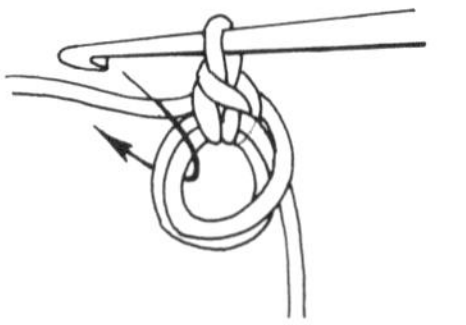

⑦これでこま編みが１目編めました。⑤、⑥を繰り返して、指定目数を編みます。

⑧指定目数のこま編みを編んだら、いったん針をはずし、最初のわの内側の糸を引いて、わを絞ります。

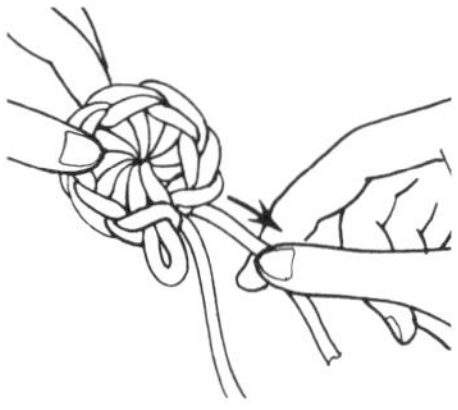

⑨糸端を引いて、わを引き絞ります。

⑩かけた糸を引き出します。また、糸をかけて、2つのループを一度に引き抜き、こま編みを編みます。

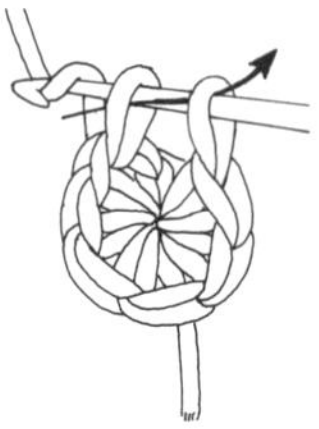

⑪一目めのでき上がり。二目めからは作り目の糸端を編みくるんでいきます。

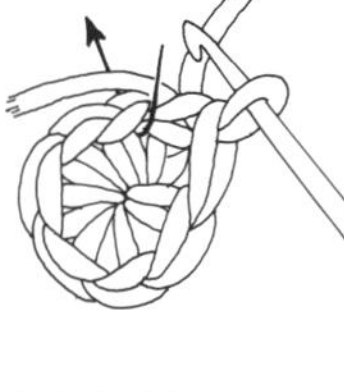

○立ち上がりをつけるとき
段の終わりは、編みはじめのこま編みの頭に針を入れ、糸をかけて一度に引き抜きます。

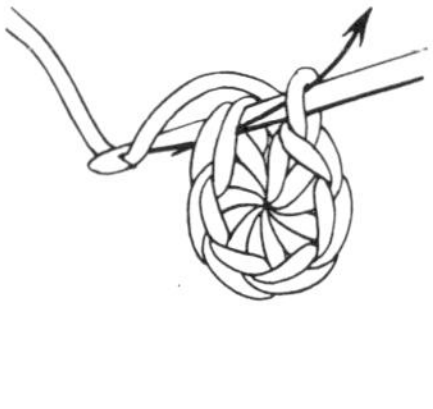

本書に登場する編み方を覚えましょう。

●引き抜き編み

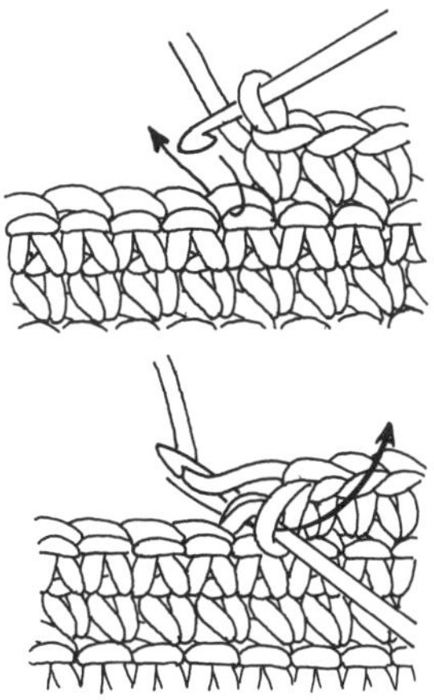

●こま編み2目編み入れる
（1目増やす）

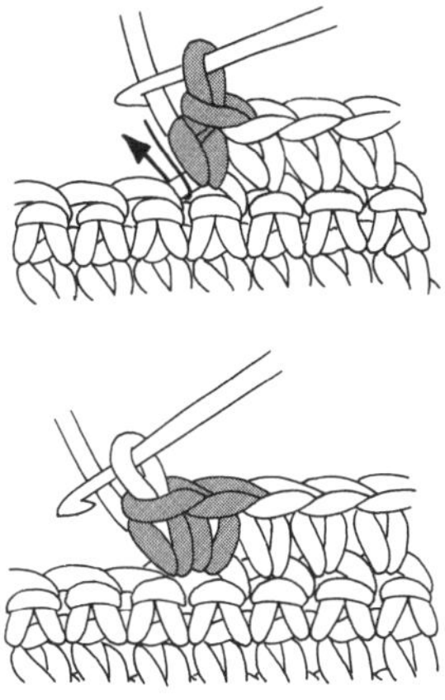

●こま編み2目1度
（1目減らす）

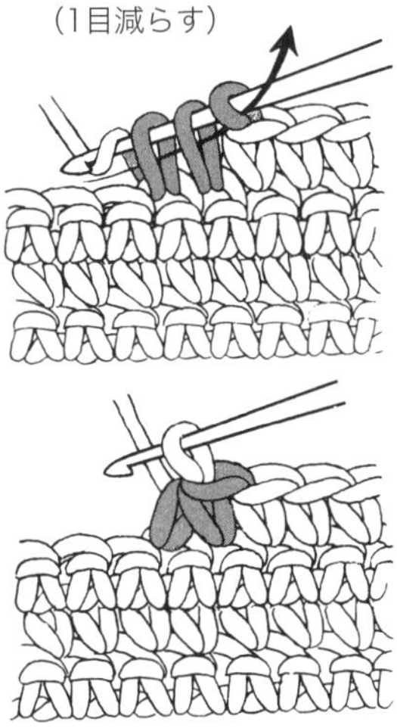

※ 図は往復編みの場合なので、裏面が描かれています。

知っておきたいテクニック

● 配色糸を変える

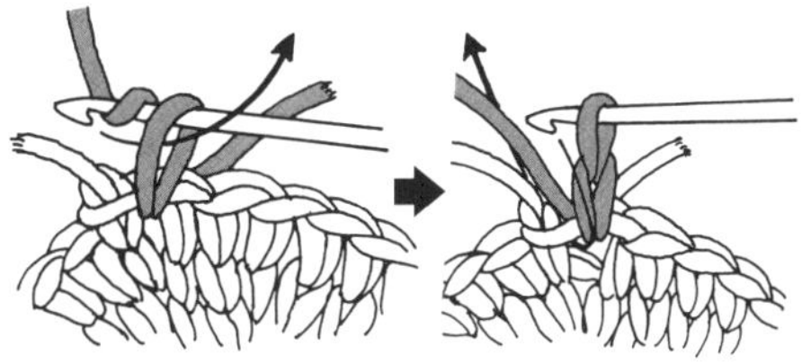

指定の段で引き抜き編みをして糸を切ります。同じ目に針を入れ、配色糸をかけて引き出して、立ち上がりの鎖を1目編みます。同じ目に針を入れて、こま編みを編みます。

● 立ち上がりをつける
配色糸を変えて縞模様をつけたいとき、縞模様がずれません。

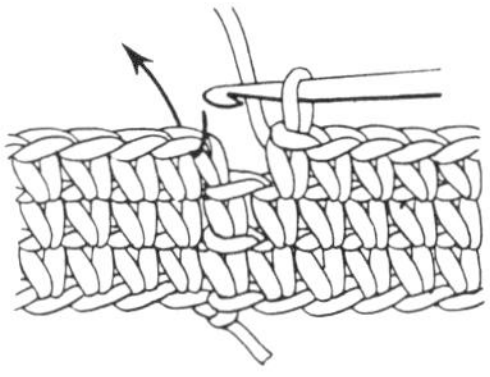

①段の編み終わりで、編みはじめのこま編みの頭に針を入れ、糸をかけて引き出します。

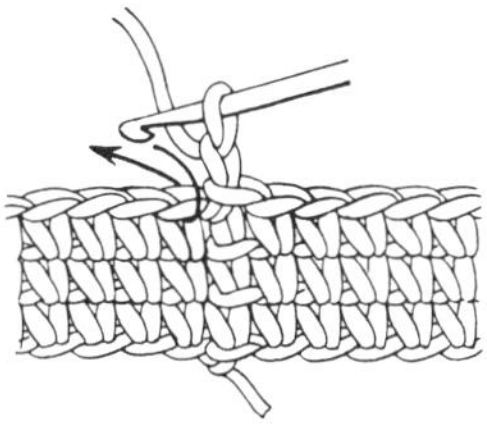

②鎖を1目編みます。同じ目に針を入れて、こま編みを編みます。

● はぎ方（巻きかがり）

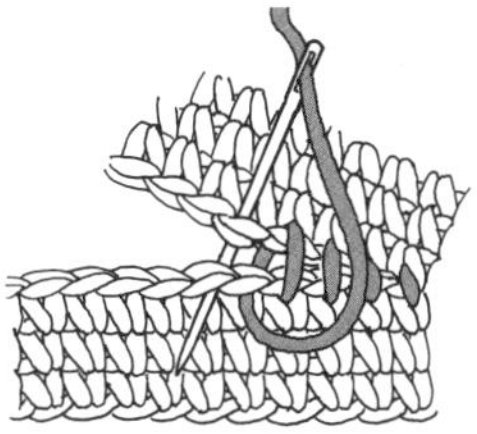

はぎ合わせるものを向かい合わせ、それぞれのこま編みの頭の鎖目2本を、一度にとじ針ですくいます。

ねこやま
１９６７年東京生まれ。今までの人生のさまざまな局面で、猫に元気づけられることが度々あり、今では何か作るときはそのほとんどが猫がらみ。偶然からあみぐるみにはまり、あみねこ生みの親として、ホームページを通じて全国にあみねこファンを増やしている。あみねこたちは現在も各地で増殖中。それぞれのあみねこサイトもますます充実の模様。

ホームページ
http://www5a.biglobe.ne.jp/~mite/

※葛藤（22ページ）、昼寝（24ページ）、
おもてなし（35ページ）は
ホームページでも掲載中。

「あみねこのいる生活」

制作スタッフ
あみぐるみ＆ストーリー制作・
書き文字・イラスト………ねこやま
企画コーディネート………保阪祥子
撮影………あみねこスナップ・ねこやま＆ケ～ム
あみねこポーズ・有阪庸介
ブックデザイン………村﨑和寿
作図………上平香寿子
作り方イラスト………佐藤遊
編集………藤井知子
北川恵子
編集人………石田由美
発行人………倉次辰男
発行所………（株）主婦と生活社
〒104-8357
東京都中央区京橋3-5-7
振替　00100-1-36364
編集代表　03-3563-5361
販売代表　03-3563-5121
生産代表　03-3563-5125
印刷所………共同印刷（株）
製本所………（株）若林製本工場

ISBN978-4-391-13012-6